SEBAS
Y SU ÚLTIMO VERANO
EN SAN PANCHO

VÍCTOR MANUEL ESPINOSA AGUILAR
Ilustrado por Ángel FloresGuerra B.

Reservados todos los derechos. No se permite la reproducción total o parcial de esta obra, ni su incorporación a un sistema informático, ni su transmisión en cualquier forma o por cualquier medio (electrónico, mecánico, fotocopia, grabación u otros) sin autorización previa y por escrito de los titulares del copyright. La infracción de dichos derechos puede constituir un delito contra la propiedad intelectual.

El contenido de esta obra es responsabilidad del autor y no refleja necesariamente las opiniones de la casa editora.

Publicado por Ibukku
www.ibukku.com
Diseño y maquetación: Índigo Estudio Gráfico
Copyright © 2019 Víctor Manuel Espinosa Aguilar
ISBN Paperback: 978-1-64086-420-7
ISBN eBook: 978-1-64086-421-4

ÍNDICE

CAPÍTULO I
Cirilo — 5

Capítulo II
Los abuelos — 11

Capítulo III
Lecciones — 23

Capítulo IV
La fogata — 29

Capítulo V
El río — 35

Capítulo VI
Aprendizaje — 45

Capítulo VII
Salvados — 53

Capítulo VIII
Consecuencias — 71

Capítulo IX
Reflexiones — 85

Capítulo X
La despedida — 95

Capítulo XI
Llamadas — 129

CAPÍTULO I

Cirilo

Estoy de pie en el umbral de la puerta del panteón de San Pancho, ni dentro ni fuera, recordando. Hoy se cumple un aniversario más de la muerte de mi abuelo.

A lo lejos veo su lápida, junto a la de mi abuela, los dos están enterrados en la misma fosa y hacía tiempo que no venía de visita; culpa del tiempo y del olvido, quizá.

El viento sopla fuerte esta tarde y me arrebata de entre las manos los pétalos de margaritas que estoy cortando. Mientras lucho en una batalla estúpida contra la fuerza de la ventisca, pienso que en estos últimos días me ha invadido la nostalgia por tantos recuerdos que viví con esos viejos. Vaya memoria la mía.

Me distrae a lo lejos la silueta de un hombre ya viejo y calvo, sujeta un cigarro con su mano izquierda mientras lucha contra el viento, una ligera nube de humo cubre su rostro. Tras algunos segundos, pierde ante la naturaleza y su cigarro cae al piso.

Decido, entonces, acercarme a ofrecerle uno de los míos. Somos los únicos dos en el cementerio. Me acerco y veo a un hombre vestido con el uniforme de sepulturero, lleno de tierra, sucio y con una pala en la mano; al parecer estaba cavando una fosa.

Ya nos habíamos visto, estoy seguro. Él no se percató de mi presencia detrás suyo hasta un instante después, giró su cabeza y ambos nos sorprendimos al vernos a la cara. Arrojó la pala y, con mucha euforia, me abrazó, gritando con todas sus fuerzas:

—¡Sebas, mi niño Sebas! —lo recordé en ese instante, era Cirilo. —Cuánto tiempo sin verte, ¿qué te trae a San Pancho?

—Me da mucho gusto verte, y verte tan bien me alegra más. Se cumple un aniversario más de la muerte de mi abuelo.

—¡Es verdad!, hace tiempo que nadie los visita. Bueno, aquí a todos nos olvidan tras cierto tiempo.

—Para serte sincero, no esperaba encontrarte aquí; alguien, no recuerdo quién, me dijo que habías tirado la toalla y un día ya no volviste.

—¡Yo aquí seguiré hasta ver a quién le toca agarrar la pala y echarme la tierra! Porque eso sí, mi Sebas, acuérdate lo que decía tu abuelo: "En esta tierra nadie es eterno". Al volver la vista a la lápida y leer el epitafio de las tumbas, se me salieron las lágrimas.

—Si supieras, Cirilo, cuántos recuerdos tan bonitos me traen a la mente estos viejos. Tantas vacaciones que pasé junto a ellos en su casa, corriendo por el monte, nadando en el río, invitando a la casa a mis amigos Chón y

Melitón.Cirilo tomó uno de mis cigarrillos y, sin mayor preámbulo, me pidió que le contara alguna memoria con mis abuelos.

—Soy todo oídos", me dijo.

Capítulo II

Los abuelos

La historia que decidí contarle inicia cuando un rayo de luz iluminó mi cara. Era el sol de la mañana de verano que penetraba por una grieta mi cuarto. Entonces tenía 15 años, dormía en un catre que mi abuela Pachita tenía en un cuarto de adobe con techo de lámina de cartón.

Siempre pasaba mis vacaciones de verano en el pueblo de San Pancho. En esas mañanas de julio el calor era muy intenso y el olor a lodo no se disipaba debido al adobe de las paredes. Era tanta la emoción de estar ahí que eso era lo que menos me importaba.

Recuerdo que ese rayo de luz me despertó muy temprano, calculo las 5:30 de la mañana. Me sentía cansado y con el cuerpo adolorido; había viajado siete horas en el autobús desde la central camionera del norte en la Ciudad de México, donde cada año mis papás me iban a dejar, ya que les preocupaba que me sucediera algo malo a esa edad.

De repente un grito ensordecedor retumbó en mis oídos:

—Sebas, Sebas, ya levántate.

Ni modo, era la abuela Pachita que ya empezaba a joder. Ni siquiera me había quitado la ropa que traía desde que salí de la Ciudad.

Sin peinarme y con la cara sucia, salí de mi cuarto, corrí a donde estaba la abuela para saber qué quería y la encontré barriendo el patio de la casa, cubierta por una nube de polvo provocada por el piso, que más que piso era un tramo de tierra donde había mucha hojarasca y algunas hojas de maíz secas extendidas por casi todo el patio.

Me pidió que cortara leña porque no tardaba en despertar el abuelo y había que poner el comal en el fogón para preparar el desayuno. El abuelo era muy enojón y, en cuanto despertaba, gritaba preguntando si ya estaba el desayuno.

Caminando por las hojas secas para llegar a donde estaba la leña, me encontré con las parcelas donde mis viejos sembraban elote, caña, calabaza y árboles frutales. Cuando menos cada ocho días, la abuela ponía a cocer algunos elotes para mi abuelo, y las hojas de maíz que ya no servían las ponía a secar, extendidas en un rincón del patio. Esas hojas las usaba como combustible junto con la leña, tanto para hacer la comida como para calentar el agua para bañarse.

A veces las usábamos por la noche, cuando terminábamos las tareas del día, entonces se les ocurría hacer una fogata bajo el cielo estrellado y los rayos de la luna que iluminaban todo el patio. Acercaba a la fogata las piedras que encontraban en el campo y los tres nos sentábamos sobre ellas.

Finalmente prendí la lumbre, puse el comal encima de la parrilla para que se empezara a calentar y mi abuela, poco a poco, le agregó agua y harina a una olla para formar una masa espesa, que luego convertiría en tortillas. Según ella, hasta que se inflaran estaban listas para comerse. Las acompañábamos con salsa hecha en molcajete a base de tomate, chile guajillo, cebolla y ajo.

Mientras ella seguía ocupada cocinando las tortillas, me dirigí a donde se encontraban los tambos con agua, busqué una cubeta y la llené para lavarme la cara.

Volví a la cocina a ver en qué ayudaba, pero sorpresa que me llevé: ya estaban las tortillas y, junto a ellas, una olla de barro grande, orejona y llena de frijoles negros que desde lejos desprendía un olor a cebolla, ajo y epazote. Olía tan rico que se me hacía agua la boca. En otra cazuela había huevo con longaniza en salsa verde.

Teníamos que esperar al abuelo Paco para poder desayunar pero siempre se tardaba en llegar, así que me dediqué a repartir cubiertos.

La abuela ya había preparado y servido en la mesa café de olla hecho con canela y endulzado con piloncillo, además de bolillos, que traía desde muy temprano de la panadería de Don Porfirio.

Finalmente llegó el gran momento: el abuelo salió de su cuarto y se sentó. Nos pidió bendecir los alimentos y pensé: "No chingues, ya tengo mucha hambre, pero ni modo.". Lo escuchamos hasta que terminó su dichosa oración. Finamente comenzamos a desayunar y mientras tanto me preguntó por mis papás y mi hermana Fernanda. Mi abuela sólo miraba y nos escuchaba con mucha atención. No pasó mucho para que me contaran de sus días en el rancho, del extenuante trabajo que representaba, pero que valía la pena porque desde que se jubilaron prometieron dedicar sus últimos años de vida a vivir ahí.

A los viejos les gustaba llevar una vida tranquila, sin ruido de los autos ni contaminación. El único ruido que disfrutaban era el de los animales cuando tenían hambre y, por las noches, el de los grillos. Por eso se habían mantenido hasta entonces con buena salud. Tomaban una siesta por la tarde y, cuando llegaba la noche, les gustaba tomar un poco de café y pan de dulce para platicar sobre lo sucedido durante el día.

Mi abuelo rezó otra oración para dar gracias a Dios por los alimentos y, finalmente, nos levantamos de la mesa. Segundos después, mi abuela me ordenó recoger la mesa, así que me llevé platos, jarros y cucharas al lavadero. Quería ir a buscar a mis amigos para jugar un rato, pero cual fue mi sorpresa cuando me advirtió que, antes de salir, también tenia que barrer y trapear la sala, además de hacer la limpieza en mi cuarto y darle de comer a las gallinas. Esto era lo que no me gustaba de San Pancho: ser el criado de mi abuela. Cuando terminé todo lo que me ordenó, le pedí otra vez permiso para salir a jugar con mis amigos, pero no satisfecha con todo lo que ya había hecho, me dijo que primero me bañara y que me cambiara de ropa: fui por leña, prendí el fogón y puse agua a calentar para ducharme en un pequeño cuartito de madera, detrás de la casa.

Ya en mi cuarto, me puse tenis, me peiné, me unté crema en la cara, un poco de loción y salí corriendo antes de que se arrepintiera mi abuela.

Fui a la casa de Chón, el amiguito que vivía más cerca de la casa de mis abuelos. Toqué la puerta tres veces y salió su papá, Don Elías, que se sorprendió al verme. Alegre, como solía ser, llamó a su hijo y juntos fuimos por mi otro amigo Melitón.

Los tres nos encaminamos rumbo al monte a buscar conejos y ratas de campo. Cada uno cortó una vara de los árboles de pirul que se nos cruzaban en el camino y, con una piedra filosa, le hicimos una punta a las varas para que nos sirviera como lanza.

Por esta clase de aventuras, cuando regresaba a la ciudad, llegaba siempre con muchas ganas de estudiar y echarle ganas a todo; algo tenía San Pancho que cambiaba mi estado de ánimo.

Al ver los tres amigos que ya nos habíamos alejado mucho del rancho, decidimos regresar, me advirtieron que no bajara rápido porque ya las piernas nos dolían y no responderían. De pronto, sentí entre mis pies que algo pasó sobre mis zapatos y, con la vara, traté de quitármelo: era una ardilla que pasó con tal rapidez que no me dio tiempo de ensartarla con mi vara. Les grité a Chón y Melitón:

—¡Miren! Ahí va una ardilla, vamos a seguirla a ver si la agarramos viva.

El animalito corrió a gran velocidad, espantada, y escaló hasta lo más alto del tronco de un pirul. Le grité a Melitón que se subiera para agarrarla, diciéndole que entre Chón y yo le ayudábamos, pero no quiso. Decidí subir yo, así que escalé hasta alcanzar la primera rama, que al cabo estaba gruesa.

Cuando por fin estuve cerca de la ardilla, ésta me miró muy feo, pero nunca se movió. Me senté sobre la rama, me agarré con una mano del tronco, con la otra, poco a poco, saqué la vara que traía en la cintura y luché por alcanzar a la ardilla, ella seguía inmóvil.

De repente, sólo escuché un pequeño crujido y empecé a caer, chocando con los bordes que tenía el tronco, rebotando sin ton ni son y caí con la nariz estrellándose contra la tierra, dándome un santo madrazo.

—Sebas, Sebas, te está saliendo sangre de la nariz y estás todo lleno de tierra. ¿Cómo te sientes? ¿Cómo te ayudamos? —preguntaron Chón y Melitón.

—Hagan lo que su chingada gana les dé, pero no se queden ahí como pendejos. ¡Apúrense que me siento requete mal! —les grité preocupado, aunque afortunadamente todo quedó en raspones.

—¡Híjole Sebas! Si tu abuela te ve así, te va a matar.

Ni caso les hice, me sentía tan mal que me daban ganas de llorar del dolor. Como pudimos llegamos al rancho. Mis amigos me dejaron cerca del lavadero para lavarme las heridas, pero el ruido del agua al caer alertó a mi abuela, quien me gritó:

—Sebas, que bueno que ya llegaste. Te estamos esperando para comer o más bien para cenar, así es que lávate las manos y vente a comer".

Cuando aparecí por la puerta mi abuela me vio, sin más, se levantó, azotó las palmas de sus manos sobre la mesa y, sin consideraciones, me gritó cuestionándome qué me había pasado, por qué venía tan maltratado y diciendo que parecía como si me hubiera arrastrado un caballo. Se quitó la chancla del pie izquierdo y, sin que me diera tiempo de explicarle, me empezó a pegar. Mi abuelo sólo miraba.

El viejo era más tranquilo en ese sentido, no intervenía nunca, siempre dejaba que la abuela me reprendiera. En fin, pasados algunos minutos, mi abuela se detuvo. Creo que lo que más coraje le dio es que nunca lloré, pero con tantos moretones en mi cuerpo, ya no sentía nada.

Fue una cena silenciosa, hubo algunas miradas de fuego que mi abuela me dirigía, pero nada más allá de eso. Justo cuando terminé mi plato, Pachita rompió el silencio con instrucciones precisas:

—Lleva tus trastes a la cocina, ponlos en la palangana, acomoda tu silla, te lavas los dientes, te pones la pijama y te me acuestas. Ya mañana vemos qué vamos a hacer contigo.

Cuando por fin mi cabeza tocó la almohada, sentí cómo alguien abrió la puerta de mi habitación y me cubrió con una cobija extra. Era ella quien, al verme tan golpeado, sintió pena y fue su forma de expresarme cariño.

Me di cuenta del amanecer porque los gallos empezaron a quiquiriquear. Hacían tanto ruido que por más que intentaba permanecer dormido, no lo lograba: mi cuerpo adolorido quería mentarle la madre a los gallos, pero no tenía fuerzas para eso, para colmo, mi abuela comenzó a llamarme al desayuno. El día había comenzado.

Con todo el dolor de mi corazón, me vestí, me puse los tenis, me lavé la cara, me peiné y fui a ver a la abuela.

—Me siento todo golpeado y me duelen las heridas. ¿No tendrás una pastillita para que se me quiten los dolores? —le dije.

—Pero si ayer te sentías muy fregoncito, envalentonadito y todo se te hizo fácil. Mira cómo quedaste, todo madreado. Ni modo, mijito, a llorar a su casa porque aquí te aguantas.

—Abuela...

—Cállate. Ve al baño y saca del botiquín una caja de aspirinas, tráela. Segura estoy que con eso se te quita.

El desayuno ya estaba listo, sólo faltaba el abuelo. Fui a buscarlo a su cuarto, pero no estaba, entonces caminé hacia los corrales y lo encontré ordeñando a Chencha, una de sus ocho vacas, todas grandotas, gordotas y con manchas negras; hasta hoy sigo preguntándome: ¿Cómo le hacía para distinguirlas?

El viejo me pidió que fuera a la cocina y que trajera una jarra de plástico para vaciar la leche. Después, nos fuimos caminando a la cocina donde nos esperaba la abuela para desayunar unos ricos chilaquiles en salsa verde con un huevito estrellado encima.

Ni siquiera me esperé a que mi abuelo rezara la oración que acostumbraba y empecé a comer muy discretamente, pero la mirada y voz de mi abuelo hicieron que me detuviera. Y entonces me preguntó con su voz grave:

—¿Ya nos vas a decir dónde te hiciste esos moretones? Ayer no te lo pregunté porque tu abuela estaba muy alterada, pero hoy es diferente. Responde.

—En el monte, me fui con mis amigos a explorar y escalé un árbol y…

—Te caíste. El rancho es muy peligroso si no se le conoce bien.

—¿Tú lo conoces a la perfección? —le dije con un aire de soberbia.

—No. El pueblo va cambiando y lo que hoy viste, mañana desaparece. Eso lo aprendí trabajando 40 años como conductor de ferrocarriles; transportaba el correo desde la Ciudad de México hasta Ciudad Juárez. En esos viajes que duraban semanas visitaba mucho Aguascalientes, un estado que me gustaba mucho, tras cada visita, siempre había algo distinto —el abuelo cambió de tema—. Bueno, dejemos el pasado atrás: ¿Te sigue doliendo el cuerpo? Si es así, vete a dormir. Más tarde nos ayudas con los deberes.

Le tomé la palabra antes de que la abuela pudiera decir algo. Corrí a mi cuarto, me lavé la boca y me tiré un clavado a la cama, sin taparme. Me dormí como un oso.

Capítulo III

Lecciones

Esa mañana aprendí una de las mayores lecciones en toda mi vida, le conté a Cirilo.

Recuerdo que estaba muy cansado, pero, como pude, llegué hasta donde los marranos y, a escondidas de mi abuelo, me acosté sobre la tierra. La sombra de un pirul me hacía compañía. Sabía que tenía que apurarme porque ya mero era hora de comer, así que me levanté para seguir arrastrando con una carretilla la mierda de los marranos. Estaba harto, solo podía pensar en la comida de mi abuela, pues el olor llegaba hasta mi nariz.

El abuelo me sorprendió con los ojos cerrados, soñando despierto con la comida y holgazaneando.

—No nos iremos a comer hasta que dejemos bien limpio el chiquero, recuerda que esta carne es la que comemos y, por lo tanto, debemos de tener en buenas condiciones a los marranitos —dijo un tanto enojado.

—¡Abueloooo! —le respondí, alargando el tono de mi voz, pues insisto, en que estaba harto.

Di como tres vueltas entre el chiquero y el basurero hasta que recogí toda la porquería. Ya estaba bien cansado: mis piernas y manos me temblaban, y con el pinche calor me sentía de la jodida. Pues mi abuelo, no satisfecho, me ordenó llenar de agua la tina donde bebían los puercos.

—¡Abuelo, no te pases!

—Si quieres llegar lejos en los proyectos de tu vida, debes esforzarte por dar siempre lo mejor de ti. Deja de quejarte. Ya habrá tiempo de comer.

Una vez que terminamos, caminamos hacia la cocina y ¡sorpresa!, la mesa estaba lista. La abuela me esperaba, pero no para consentirme con un rico platillo, sino para ordenarme que preparara el agua de limón. Le hice caso, la preparé, pero una vez que estaba lista, me la bebí toda. Ups, tuve que preparar una segunda jarra.

Hubo regaños de nuevo, pero ya no escuchaba, solo veía el caldo de gallina que frente a mí habían servido. Buen provecho.

—Abuela, ¿qué estudiaste?

—Corte y confección. En la primaria me enseñaron lo básico, el oficio lo fue aprendido con el tiempo. La gente del pueblo me daba ropa a coser o me pedían que les hiciera una camisa o pantalones, tenía tu edad cuando empecé a hacer eso. Con el dinerito que ganaba con el trabajo diario, ayudaba a mi madre, que ya de por sí sufría trabajando bajo el sol sembrando y criando animales. No había tiempo para el descanso en mi casa.

—¿Y no te divertías? ¿Qué pasó con tus amigos?

—No había tiempo para el descanso en mi casa, había que sobrevivir. Ya se hizo tarde, Sebas. Ve a bañarte que apestas por tanto trabajo con los cerdos.

—Lo haré, abuela, no llores. Antes quiero decirte que te admiro mucho, ahora entiendo porqué tanto trabajo vale la pena —le dije mientras la abrazaba. Ella soltaba unas cuantas lágrimas al recordar.

Capítulo IV

La fogata

No sé cuánto tiempo fue que dormí aquella tarde, después de comer, pero me olvidé por completo de mi verano en el campo, mis abuelos y San Pacho. Cuando desperté, había perdido la noción del tiempo, por lo que me levanté, tomé el peine y me arreglé el cabello pensando que era ya de mañana.

Cuál fue mi sorpresa cuando al bajar la escalera me encontré a mis abuelos tomando un cafecito, sentados en el comedor, platica y platica, comiéndose una pieza de pan dulce.

—Nos adelantamos a cenar porque ya era tarde, fui a tu cuarto para avisarte, pero estabas dormido. ¿Quieres un panqué, una dona, un churro o un bolillo con nata? —me preguntó mi abuela.

—Mejor hagamos una fogata, hace buen tiempo —les dije a los dos.

No tuve que insistir mucho, veinte minutos después ya estábamos los tres sentados alrededor del fuego, ellos contando historias de fantasmas, yo contemplando sorprendido la lunota; en la ciudad nunca se ven estos espectáculos.

Así pasó la noche, entre el calorcito de la fogata, fantasmas de otros tiempos, lunas gigantescas y las risas de mi abuela, que se burlaba de lo mal contador de historias que resultaba ser el abuelo. Su risa, por cierto, rebotaba hasta el monte. De pronto, todo se vio interrumpido por el cantar del viejo:

—*Han nacido en mi rancho dos arbolitos, dos arbolitos que parecen gemelos y desde mi casita los veo solitos, bajo el amparo santo y la luz del cielo...*

Mi abuela se unió al canto hasta que los tres terminamos cantando bajo los rayos de la luna. Se había armado la bohemia, como dice el abuelo.

Cantamos tres canciones más y después hubo silencio.

—¿Por qué te gusta cantar, abuelo?

—Mi madre y varias de mis tías aprendieron a tocar instrumentos, sobre todo de cuerdas como violín, guitarra y mandolina. Juntas formaban un grupo de cuerdas, entretenían en las reuniones. Noches de bohemia.

—¡Qué flojera tocar un instrumento!

—Mira Sebas, siempre es bonito tocar algún instrumento, porque te enriquece el alma y fortalece el espíritu. Acercarte al arte, en general, te ayuda a encontrar la paz contigo mismo. Mi madre decía que te hace sacar de tu cuerpo todo el mal humor. Yo leo mucho y eso me ayuda a alimentar mi espíritu. Nunca lo olvides, niño, la cultura y el arte son los alimentos del alma.

No supe qué decir ante la ola de consejos que mi abuelo acaba de darme. Desde mi ignorancia, en aquel momento, seguro me aburrí de escucharlo, hoy le agradezco tanto.

—No pares de prepararte, cultívate siempre —prosiguió—, porque solo logran el éxito aquellos que se atreven a descubrir el mundo y jamás pierden la capacidad de asombro.

En ese momento se apagó la fogata y los tres nos quedamos en silencio.

Capítulo V

El río

—Recordar esa magnífica fogata, Cirilo, a hecho que los extrañe más.

—¿Y a poco desde esa noche fuiste un niño bien portado?

—Ni pensarlo. ¿Ya te conté lo que me pasó una tarde de ese verano en el río de aquí cerca? Esa tarde fui por Chón y Melitón a sus casas para nadar al río. Cuando iba por ellos tenía que tocar a la puerta de sus casas, poner cara de niño bueno y convencer a sus padres. Les prometí que no tardaríamos y que tendríamos cuidado... Nada más lejos de la verdad.

Ya rumbo al río, nos abrimos paso con una vara, entre yerbas, piedras y agujeros. Una vez que dimos con la orilla, buscamos un caudal en forma de olla, mi abuela me había dicho que era el lugar más seguro y que ahí sí podíamos nadar.

—Mira Sebas, allá se ve que se abre el río en un caudal. ¿Será ahí donde te dijo tu abuela? Se ve que el agua corre despacio.

Ese era el lugar, estaba muy bien. Había junto un árbol que nos hacía sombra, además de tener una rama que podíamos usar como trampolín, siempre y cuando esos méndigos no se rajaran.

Nos desvestimos, me quedé solo con el traje de baño y me acerqué a la orilla de la olla. Poco a poco me fui sumergiendo y llegué a la parte más honda. El agua me llegaba a la altura del pecho, fue entonces que me di cuenta que el lugar estaba bien tanto para nadar como para echarnos unos clavados.

Minutos después, los tres ya estábamos dentro de la olla. La sensación del agua acariciando mi cuerpo era padrísima. Nos dábamos giros dentro del agua, que era cristalina, y competíamos por ver quién nadaba más rápido de orilla a orilla.

Les dije que nos echáramos unos clavaditos desde la rama del árbol.

—Yo no me subo, está un poco alto y la verdad me da miedo, no vaya a ser que me pegue en la cabeza a la hora de clavarme y me vuelva loco —contestó Melitón.

—No friegues, no es para tanto. Deje de ser chillón, te tienes que aventar, para eso venimos si no que chiste tiene.

—Yo sí me animo, güey —dijo Chón.

—Bueno, vamos a intentarlo, pero no te prometo nada. Además, ¿cómo le vamos hacer para subirnos a esa rama? ¡Bajita no está! —dijo Melitón asustado.

—Vamos a subirnos con cuidado para no resbalarnos —le respondió Chón.

Después de todo el caos, mientras pensábamos cómo subirnos, descansamos un rato recostados sobre las toallas bajo los rayos del sol que nos pegaban con todo, estaba tan fuerte que estábamos sude y sude.

Una hora más tarde les dije:

—Ahora sí, vamos a echarnos unos clavaditos. No me vayan a salir con que "dice mi mamá que siempre no".este era nuestro plan: entre los tres acercamos unas piedras y las pusimos pegadas al tronco, nos subiríamos primero Chón y yo, después Melitón. Lo sostendríamos de las piernas, él se abrazaría al tronco y, con las manos, se iría subiendo, mientras que nosotros lo empujaríamos hasta que sus pies llegarán a nuestros hombros, luego se tendría que ir subiendo por el tronco hasta que sus manos alcanzarán la rama, después tendría que montarse, listo para el primer clavado.

—Espérame güey, estoy nervioso, deja me tranquilizo tantito —me dijo Melitón.

Chón fue el valiente que dijo:

—Si éste no quiere, lo haré yo, yo subiré primero.

Cuando Chón llegó al final de la rama, se quedó como estatua. Le empezamos a arrojar piedras al canijo hasta que se dejó caer. Nada más vimos cómo cerró los ojos y conforme iba cayendo se escuchaba un grito "¡Aaaaaaaaaaaay!" y luego "¡Splash!", cayó al agua.

El agua nos salpicó hasta donde estábamos. Mi valiente amigo salió a la superficie con el rostro pálido, parecía fantasma. Ahora era el turno de Melitón.

—Espérame, güey, déjame relajarme tantito. Con tanto grito de Chón, ni ganas me dan de aventarme, pero no quiero que me vean como el chillón del grupo —me dijo.

Minutos después, estaba listo. Melitón se impulsó con sus dos manos para dar un salto y colocar sus pies sobre nuestros hombros. Fue escalando el tronco hasta que finalmente llegó a la rama y, una vez arriba, nos dijo que descansaría un momento.

Yo creo que nos dormimos porque ni cuenta nos dimos de cuánto tiempo pasó, sólo escuché a lo lejos un grito:

—Ya estoy listo, ¡me estoy poniendo más nervioso! ¡Despierten y pónganme atención, que ya voy a saltar!

Entre Chón y yo le dijimos que debía arrastrarse por la rama hasta que llegara al final de la misma, luego debía cerrar los ojos y arrojarse. Así lo hizo, pero este güey nos salió más abusado porque a la hora de ir cayendo se dio una marometa en el aire y, antes de tocar el agua, junto sus manos, puso su cuerpo en forma de flecha y entró derechito en el agua, sin salpicar nada.

Los dos nos quedamos con la boca abierta, pues al que creíamos más cobarde terminó sorprendiéndonos. Melitón salió del agua como sin nada, se sacudió el cabello y se recostó sobre la hierba para secarse con los rayos del sol.

—¡Ah verdad güeyes, creían que no me iba a aventar! Les voy a contar un secreto: cada ocho días vengo a practicar clavados a esta parte del río, pero me subo con una cuerda a la rama, me gusta mucho nadar. Bueno, ya estuvo bien de tanta plática, ahora viene lo bueno, sigue el turno del sonsacador.

—Ya verán, me voy a tirar un clavado de poca madre, soy un experto. Pónganse en posición y súbanme. Los voy a dejar lelos, cabrones —les ordené.

Una vez que ya estaba encima de la rama, poco a poco me fui acercando a la orilla hasta que logré ponerme de pie, moviéndome un poquito para sentir la resistencia de la rama y que no se fuera a quebrar. Cuando sentí que ya estaba listo, les grité —¡Ahí voy!—, pero justo en ese momento volaron sobre mi cabeza unos pinches pájaros que provocaron que me tropezara, cayera y gritara del susto. Me quise agarrar de la rama, pero me resbalé al mismo tiempo que me pegué en los huevos. Fui cayendo con las piernas abiertas, mis manos intentando sostenerse del aire y yo sin saber donde exactamente iba a caer.

Cuando estrellé mi cuerpo contra el agua, mi primera reacción fue nadar hacia la superficie, tomar aire y luego acercarme a la orilla. Una vez fuera, se revelaron todos los rozones que me dejó la caída. Todo el cuerpo rasguñado. A mi lado, mis buenos amigos burlándose de mí, hasta las lágrimas les escurrían por los ojos.

—Por querer hacerme el chingón y andar de mamila, miren lo que me pasó.

—Tranquilo, le pasa a cualquiera —me dijo Melitón.

—Oigan, ya se hizo tarde, ni siquiera vamos a llegar a la hora de la comida y, *pa'colmo*, ya casi se mete el sol.

—Creo que ahora estoy peor de maltratado que cuando fuimos al monte. Ahora mis abuelos sí me van agarrar a cinturonazos sin piedad, me advirtieron que no me fuera a portar mal y miren. Bueno, pero nos divertimos.

—¿Cómo te sientes, Sebas? Dinos la verdad —me preguntó Chón.

—Mal canijos, medio apendejado y bien adolorido, pero puedo regresar a casa sin problema.

Caminamos de regreso a casa, a paso lento por mis heridas. Mis amigos me dejaron en la puerta de mi cuarto y me advirtieron que le pidiera a mi abuela que me curara las heridas o de lo contrario podría sufrir una infección, después cada quien se fue a su casa.

Parado frente a la puerta de mi cuarto, no supe qué hacer. Estaba tan confundido que no sabía si esconderme en mi cuarto o ir a buscar a mis abuelos, pero supuse que, si no les avisaba, se preocuparían y la situación sería peor. Me puse saliva en las orejas por si acaso el regaño era fuerte, caminé a la cocina y escuché al abuelo discutiendo con la abuela:

—Por eso no me gusta que seas tan débil para los permisos de este niño, mira qué hora es y no sabemos nada de él. Ni siquiera llegó a comer y yo ya no tengo edad para salir a buscarlo. ¿Has pensado en la responsabilidad que tenemos mientras esté aquí de visita?

Levanté la cortina que separa la cocina del comedor y vi a mis abuelos sentados uno en cada extremo de la mesa, los platos seguían ahí, con la comida fría, lo que interpreté como que se preocuparon tanto que se les fueron las ganas de comer. Suspiré y mi abuelo me descubrió.

—¿Dónde andabas? ¡Mira nomás cómo vienes! ¿Dónde te caíste? ¿Por qué vienes todo raspado? Nosotros esperando a que regresaras y a ti importándote un carajo. ¿Ya viste la hora? ¿Tus amigos están bien? ¿Ya llegaron a su casa?

Me bombardeó con tantas preguntas que no sabía cuál contestar primero.

—Nos fuimos al río a nadar, como les dije, pero después me aburrí y se me ocurrió algo más arriesgado. Aposté con Melitón y Chón para ver quien se tiraba el mejor clavado desde una rama, pero, cuando me tocó a mí, perdí el equilibrio por culpa de unos méndigos pájaros y caí con las piernas abiertas, estrellé en el agua y bueno, pasó lo que pasó.

—¡Pasó lo que pasó! En fin… ¿Cómo están tus amigos?

—A ellos no les pasó nada, solamente a mí. Hubieras visto las carcajadas que soltaron…

El abuelo me interrumpió con una de esas miradas que si fueran balas terminaban por matarte en segundos, sinónimo de que estaba fu-rio-so.

—¿Cuántas veces tengo que decirte que no busques el peligro? ¿Y si te pasara algo grave de lo que nos arrepintiéramos?

—Abuelo, sólo quise que la aventura fuera más divertida. Estoy bien, completito.

La abuela aprovechó nuestra discusión para traer el botiquín a la mesa, me pidió que me acercara y comenzó a hacerme las curaciones necesarias. Yo seguía escuchando el sermón.

—¿Aventuras atrevidas? ¡Antes tienes que madurar, muchacho! No puedes recorrer el mundo en un solo día, debes reconocer el peligro porque no todo lo que se te ocurre se puede hacer. Recuerda que todo en la vida lleva un riesgo. Todos los seres humanos tenemos que aprender cuales son nuestros límites...

Capítulo VI

Aprendizaje

Amaneció una vez más en San Pancho. Me sentía todo adolorido, como si me hubiera pasado un elefante encima. "Maldita caída", me dije. Ya se empezaba a escuchar el trinar de los pájaros y el ruido del resto de los animales, pero en ese instante odié todos esos sonidos. ¡Basta! Mi cabeza estaba adolorida y mi cuerpo también.

Mientras tanto, por mi mente cruzaban una serie de frases culpándome por lo sucedido, "ya son dos las pendejadas que cometo, primero la pinche ardilla y después los pinches pájaros, nada más falta que me mie el perro para terminar.

Aunque mis abuelos no tienen perros, pero bueno, no se escuchó mal.

Mis amigos piensan que soy un pobre pendejo y, según yo, siempre queriendo ser el mejor."

Me levanté de la mesa y me curé el madrazo que me di. Tocaron la puerta y, tal como me lo imaginé, era mi abuela. Le abrí y me dijo:

—¿Cómo amaneciste?, ¿te sientes mejor? quise pasar a verte antes de irme a la cocina para empezar con los quehaceres del día. A ver si te puedes levantar y nos acompañas a desayunar o te lo traigo aquí, según como te sientas.

Le tuve que mentir diciéndole que mejor los acompañaba y que sólo me esperaran un ratito para cambiarme y asearme, que no tardaba.

—Ve al monte y tráeme un poco de leña, aunque sea despacio, sin que te fuerces. Ya sabes donde ponerla —dijo la abuela.

—Sí abuela, ahorita te la llevo. —le contesté.

La verdad es que no podía ni moverme, pero si les decía que seguía mal seguro iba a pasar mucho tiempo para que me dejaran volver a jugar, pensé "¡Eso ni madres!, mejor, voy hacer el esfuerzo y como pueda le ayudo hacer lo de siempre. A la mejor trabajando se me olvida y pronto se me pasa."

Todo transcurrió normal, hasta que el abuelo, antes de levantarse de la mesa, me cuestionó sobre cómo seguía y si me sentía muy adolorido; yo continué con mi plan: ¡El de mentirle! Si no lo hacía era como *autogolearme*, pues yo iba a San Pancho a jugar, a divertirme y, por supuesto, también a visitar a mis abuelitos.

El abuelo me siguió preguntando sobre los golpes que traía y si me estaba haciendo las curaciones de la abuela, le dije que sí y terminó diciéndome —Si te sigues sintiendo mal ayuda en lo que puedas y vete a acostar, ¡pero a jugar NO!, no hasta que estés bien. Además, estoy molesto contigo porque no te has portado bien y tendrán que pasar varios días antes que puedas salir a jugar. Eso será hasta que yo lo decida ¿me entendiste?

No me quedó más que pensar y decir por dentro "qué poca, abuelo" para después contestarle:

—Lo que tu digas, abuelito. Le ayudo a mi abue un rato y me voy a acostar, voy a estar en mi cuarto a ver si puedo dormir, pero si se les ofrece algo, no duden en gritarme. De todos modos, los veo para la comida.

El abuelo salió rumbo a los corrales y la abuela y yo nos quedamos hasta terminar. Después fui a mi cuarto, me quité los tenis y me acosté, con cierto remordimiento, ya que estaba apenado con los abuelos por todas mis travesuras. Lo que me hacía sentir peor que el remordimiento era recordar todo lo que me había pasado y cómo quedé con mis amigos como un pobre pendejo.

Ahora lo más importante era curarme. Pensé "

Ya cuando me sienta mejor se me ocurrirá cómo demostrarles a esos güeyes quién es el chingón, ya verán, de mí se van acordar."

Debo de haberme quedado dormido un ratote porque abrí los ojos con el grito que escuché de mi abuela. Seguro ya era hora de la comida y había que ayudarle a poner la mesa antes que llegara el abuelo y me dijera —Sebas ya despierta, lávate las manos y vente a comer.

Corrí a la cocina y sorpresota que me llevé: la mesa ya estaba puesta y la sopa servida, no me quedó de otra más que sentarme. Faltaba el abuelo y no podíamos empezar hasta que se sentara y dijera su famosa oración. Hasta eso, no tardó en llegar, se sentó y le dijo a Pachita que también lo hiciera. Terminó de leer y con una gran rapidez me devoré la sopa y la comida que le siguió.

—¿Y ahora Sebas? —preguntó el abuelo —¿Por qué tanta prisa?, eso de comer rápido no lo andes haciendo porque no te hace buena digestión, además es importante que mastiques bien los alimentos para que ayudes a tu cuerpo a aprovechar todos los nutrientes que te dan. ¡Oye, por cierto! cuando quieras hablar por teléfono con tus papas avísame, a Doña Chencha le pusieron un teléfono público hace poco y ella se encarga de comunicarnos, así como de checar el tiempo de la llamada y cobrar. Vive muy cerquita de aquí.

—No abuelo, al contrario, quiero olvidarme de ellos unos días, porque con ese carácter que tienen los dos ¡ah, como me joden!, descanso cuando vengo a San Pancho —le respondí.

—Sebas, no hables mal de tus papás, que ellos te quieren mucho y se preocupan mucho por ti —dijo la abuela.

—Sí, Sebas, no hables mal de tus papás, que, hasta donde yo sé, te quieren mucho y si supieras el gran esfuerzo que hacen para apoyarte en todo.

—Lo que pasa, es que ustedes no viven con ellos, pero son bien fregones, no me dejan descansar ni un ratito. No puedo ni pensar en salir a jugar entre semana, porque hay que hacer tanto el quehacer de la casa como la famosa tarea, ahora abuelos, los maestros se manchan dejando mucha tarea y la verdad a veces ni la revisan y en cambio uno si se friega.

—Bueno—dijo la abuela—, lo importante es que te superes a través de tus estudios y tu obligación es esforzarte para sacar buenas calificaciones, eso te va a llevar a ser un gran hombre. A veces hay que estar regañándote, porque eres bien necio y travieso, tú no te das cuenta que todo lo que se te dice es por tu bien, por eso estoy de acuerdo en que el abuelo hable contigo de vez en cuando, porque estoy segura de que algo se te quedará.

—¿Sabes abuela?, cuando el abuelo habla conmigo te juro que me dice cosas bien interesantes y, lo que sea de cada quien, me gusta escucharlo, él es un hombre muy sabio. Bueno, abuelita, también he aprendido mucho de ti, siempre andas muy alegre y sobre todo cante y cante, eso me ayuda a echarle ganas a todo lo que hago, porque luego pienso que si tú eres así de motivada aún con la edad que tienes ¿yo por qué no? —Continué diciéndoles —No sé cómo me aguantan, hay días en que los hago enojar mucho y la verdad sí me paso, pero no lo hago por fastidiarlos, así soy de inquieto y ¿saben? ustedes me han enseñado que con cualquier idea que me proponga siempre tengo que ser el mejor, por eso siempre corro más riesgo que mis amigos porque si no invento los juegos nos la pasaríamos súper aburridos. Abue, ya con todo lo que me ha pasado, me voy a portar mejor y voy a pensar mejor todo antes de hacerlo. Te prometo esto para quitarles la preocupación de dónde ando y qué estoy haciendo —le dije.

Terminando la comida le dije —Abue, ya me voy a mi cuarto. Te confieso que aún me duele un poquito, pero lo que más traigo es el sueño atrasado, porque con los dolores que traía tan fuertes ni siquiera he podido dormir. Quiero aprovechar que me están dando permiso para irme acostar, así que les voy a tomar la palabra. Abue, dime como van sanando las heridas, a ver si ya no necesito curación y si sí nada más regálame una pastillita para el dolor y me voy a mi cuarto ¿qué te parece?

Después de que me revisaran y ver que todo iba bien salí de la cocina y me fui a mi cuarto.

Capítulo VII

Salvados

Tomé la pastilla que me dio la abuela, me cayó tan bien que no desperté hasta el otro día. Ya me sentía mucho mejor, con ganas de hacer muchas cosas. Comenzaba a dar vueltas en mi cabeza pedirle permiso a mis abuelos para ir por Chón y Melitón e irnos a jugar al monte, pero todavía no me atrevía pues había pasado muy poco tiempo de la caída desde el pinche árbol y seguro los abuelos no lo habían olvidado, así que lo mejor sería dejar pasar otros días.

Me tranquilicé y traté de que esas ideas se me borraran de la cabeza para mejor ayudarles a mis abuelos en los quehaceres del rancho, aunque ya estaba hasta la madre, porque diario era lo mismo: que la leña, que poner la mesa, que barrer los corrales, que darle de comer a los animales, bañarme, traer el agua para hacer la masa. Nada más me retumbaban los oídos de escuchar las voces de los abuelos ¡Sebas haz esto, haz aquello, ya levántate, báñate! y puro pinche Sebas.

No me quedaba más que verlo por el lado amable, porque a mí me gustaba venir a San Pancho de vacaciones y como decía mi abuelo: "A la tierra que fueres, haz lo que vieres", frases domingueras que se echaba, pero no se escuchaban mal, así es que me tenía que aguantar. En vez de verlo por el lado malo preferí disfrutarlo, porque ¿sabes Cirilo?, es muy distinto vivir en la ciudad que en el rancho. Aquí respiras aire puro, convives con la vegetación, con los animales, la vida es más tranquila y cuando miras al cielo por las noches lo primero que ves es una luna grandotota, en su máximo esplendor, iluminando todo el rancho, y a su alrededor muchas estrellas. Eso no lo ves en la ciudad, Cirilo.

En la ciudad los días se pasan muy rápido y todo lo que ves son edificios, coches, mucho humo y gente corriendo, como que siempre lleva prisa. Por eso me gusta venir aquí, porque cuando menos te olvidas por unos días de la vida en la ciudad y mira, nunca se sabe cuando será la última vez que venga a San Pancho de vacaciones.

Volviendo al relato: ese día, sin pensarlo, me paré de la cama y me puse a hacer lo mismo de siempre. Transcurrió un día más, sin ninguna novedad. A cada momento que pasaba iba aumentando la idea de irme a jugar al campo, a buscar nuevas aventuras con mis amigos. Los días pasaban y yo ya estaba desesperado, hasta que un día cuando ya había terminado los quehaceres que me tocaban, ya me había bañado y ya me había arreglado, me animé a buscar a mis abuelos para pedirles permiso de salir a jugar. Primero fui a buscar a Pachita, la que me contestó —Mira Sebas, por cómo han estado las cosas, mejor busca a tu abuelo y que él decida, por mí no hay ningún problema. Nada mas no hagas travesuras.

Salí en busca de mi abuelo y lo encontré en el huerto trepado sobre una escalera que estaba recargada en un árbol, el cual, al parecer, era de granadas.

Antes de pedirle permiso, pensé en hacerle la barba para irlo preparando y que no me lo negara, entonces le grité —¿Qué haces abuelito trepado en esa escalera? ¿Andas buscando nidos de pájaros?

—No Sebas, ¿cómo crees? —dijo el abuelo —Estoy podando este árbol de granada, quitándole las hojas que tienen mucho mosco. Si las dejo así, se van pasando de hoja en hoja y las marchitan, no dan buen fruto, pueden llegar a invadir todas las ramas y son capaces de acabar con el árbol; ya después remuevo la tierra, le pongo tabaco porque éste mata al mosco y luego unas vitaminas para que se cure, se pongan frondosos y salgan granadas grandotas y dulces. Así lo tengo que hacer con todos los árboles del huerto. No te creas que termino en un día, lo hago poco a poco porque es un trabajo pesado, pero hay que cuidarlos si quieres que te den buenos frutos. Es como todo en la vida, sólo vas a cosechar lo que bien siembres y más si lo haces con actitud, porque entonces se convierte en un círculo virtuoso donde todos ganamos —continuó—. Tú cuidas la naturaleza y ella te premia dándote para comer. Bueno, ya terminé con este árbol. Aléjate de la escalera, no te vaya a lastimar a la hora de bajarme.

—¿Qué te parece abuelo, que en vez de hacerme a un lado mejor la sostengo para que no se mueva y no te me vayas a caer?

—Bueno Sebas, como tú quieras. Nada más no te vaya a ganar el peso.

—No abuelo, voy a ponerme listo.

Finalmente bajó, como pudo, hasta que puso los pies sobre la tierra. Pensé "este es el momento para pedirle permiso", estaba muy nervioso, temía que me dijera que no, pero antes de que yo hablara él me gano la palabra —Mira hijo, ya que estás aquí ayúdame a llevar la escalera al árbol de limón que también necesita podarse. Tú la agarras de un extremo y yo del otro, así es menos trabajo —eso hizo que aumentaran mis nervios y pensé: "chín, ¿a ver ahora qué se le ocurre al viejo?". Yo ya estaba desesperado por largarme a jugar, porque ya se estaba haciendo tarde y así menos me iba a dejar salir. Seguí pensando: "¡No chingues abuelo, ya me tengo que ir a jugar!", pero ni modo, si quería ganarme el permiso le tenía que ayudar.

Cargamos la escalera, la llevamos al dichoso árbol y en cuanto la recargamos, antes que dijera otra cosa, me di valor y se la solté:

—Oye abuelo, quiero que me des permiso de ir a jugar con Chón y Melitón, ya ves que no he salido en estos días.

Él me contestó —Tú no entiendes niño, te acabas de caer y gracias a Dios no te pasó algo más grave… ¡Todo por desobedecerme!

—Pero abuelo, ya me siento bien. Ya me regañaste y aún lastimado he seguido haciendo mis quehaceres. Creo que ya me lo merezco.

El abuelo guardó silencio por un momento me miró a los ojos y con su voz de tirano me dijo —¿A dónde se te ocurre ir?

—A caminar al monte con mis amigos, hasta donde está la cascada, ahí nos sentamos un rato a admirar la caída de agua y a escuchar el ruido que hace cuando choca con las rocas, después nos mojamos nada más la cara y con eso es suficiente. Por favor.

El abuelo abrió la boca y yo me quedé paralizado por un momento. No sabía qué me iba a contestar.

—Anda pues, ya vete por tus amigos y vayan a dónde quieres ir. Con cuidado Sebas. Te quiero completito y sin novedades.

Por fin corrí en busca de mis amigos. Nos reunimos los tres, cada quien con su respectiva vara, por si las dudas. La idea era ir al monte, encontrarnos con la grandiosa cascada y ver cuánto nos podíamos acercar sin correr peligro, para mojarnos un poco.

Durante un buen rato seguimos caminando por la vereda, a las orillas del camino sólo veíamos alguna que otra casucha hecha de lámina de cartón y paredes de adobe, cada una con una chimenea, por el frío que hacía. La mayoría tenían un corral de gallinas y alguno que otro para los caballos.

De repente me llamó la atención un caballo fuera del corral. No estaba amarrado y, tranquilamente, comía la hierba del campo. Chón era el más conocido del rancho así que le pregunté quién vivía en esa casa, me respondió —Creo que Doña Petra con su viejo Don Tertulio, ya son viejos y viven solos. Sus hijos se fueron *pa'* México hace ya tiempo y nada más se dedican a cuidar a sus animalitos y a venderlos. Muy de vez en cuando bajan *pa'l* rancho a comprar algo que necesiten con mucha urgencia, por eso los vemos poco, pero están bien, son bien tranquilos, no se meten con nadie.

Se me ocurrió una idea. Como no vi movimiento en la casa les dije a mis amigos que me siguieran, nos salimos de la vereda y me dirigí a donde estaba el caballo. Me extraño que anduviera afuera del corral, traía colgando las riendas y la silla de montar, como si alguien lo hubiera ocupado y se le hubiera olvidado meterlo al corral o amarrarlo. Les dije a Chón y Melitón

—Aprovechando que este animalito está suelto y que con su relincho nos está pidiendo que lo llevemos a dar una vueltecita, vamos a darle gusto. Los dos se me suben al caballo y yo los voy guiando.

Los ayudé a montar, volteé a ver si iban sentados y bien agarrados, tomé las riendas y pregunté si estaban listos. Antes de responder, Chón me dijo:

—Sebas, yo creo que estamos haciendo mal en llevarnos este caballo. No es nuestro y ¿qué tal si nos pasa algo a nosotros o a él? ¿Qué cuentas vamos a entregar tanto con los dueños del caballo como con nuestros papás? y más tú con tus abuelos. Mejor hay que bajarnos; tocamos la puerta, al cabo son muy amigos de mi Mamá; y les pedimos permiso para que nos dejen dar una vueltecita, ¿sí?

—Tiene razón Chón, vamos hacer lo que dice para no meternos en broncas —dijo Meli.

—No nos vamos a tardar, además ¿qué tal si nos dicen que no? Mejor vámonos y ya de regreso lo dejamos aquí mismo. ¡No sean miedosos! —Me arranqué *pa´* no meterles más miedo.

Al mero rayo del sol mis amigos ya se veían cansados y yo también. Les pregunté si querían descansar un poco, pero me contestaron que no. Meli me preguntó —¿Te quieres subir al caballo Sebas?, para que descanses un poco, te echaste el recorrido caminando.

Le contesté que no, que ya mejor siguiéramos y que ya faltaba poco para llegar a la cascada. Recorrimos otro tramo y, de repente, empezamos a escuchar un ruido medio fuerte, como el agua cuando choca con las rocas. Los tres gritamos al mismo tiempo "¡Hurra, hurra, hurra! ¡Ya casi llegamos a las cascadas!"

Más tardamos en gritar que en lo que, de repente, el caballo se quedó inmóvil, como si se le hubieran trabado las patas, no se movía ni *pa´* atrás ni *pa´* delante. Los muchachos no sabían ni qué hacer. Le dije a Chón —Toma las riendas y pícale la panza con los estribos a ver si así se mueve. —Por más que lo hizo no se movió ni tantito.

Les dije —Chavos ni se les ocurra bajarse, ahorita me encargo de que este cabrón camine.Se me ocurrió algo, caminé a donde estaba la cola del caballo, la agarré con las dos manos y con todas mis fuerzas y todo mi peso ¡le di un jalón!

De la fuerza que hice me caí para atrás, me golpeé la cabeza y la espalda. El pinche caballo corrió despavorido. Nada más escuché un grito de miedo

—¡No chingues Sebas! ¿Ahora cómo lo paramos, güey? ¡Te pasaste!

Me levanté todo madreado, los correteé y les grité —¡Ahorita los alcanzo, voy a correr lo más que pueda! Agárrense bien y por nada del mundo se me vayan a soltar, porque entonces se van a dar un santo madrazo que *pa* ′qué les cuento.

Corrí y corrí, cada momento se alejaban más de mí porque el caballo iba hecho la mocha. Después de un rato me detuve, pues el cansancio me ganó y me faltaba la respiración. Tras un breve descanso, me levanté como pude y, lleno de fuerzas que quién sabe de dónde saqué, le seguí.

Estaba preocupado por esos canijos, quién sabe hasta dónde se iba a parar el pinche caballo. No quería que les pasara nada porque entonces se me iba armar bien gacho con todo el mundo, especialmente con los abuelos. Estaba seguro de que me regresarían en el primer autobús a la Ciudad de México por travieso. El abuelo me lo advertía una y otra vez "¡Pórtate bien!" y parecía que el viejo me decía lo contrario.

Tenía que seguir para alcanzar a Chón y Meli, nada más iba murmurando y pidiendo que no les pasara nada a esos méndigos, así me fui repitiendo todo el camino hasta que llegué a las cascadas y lo primero que vi fue al caballo parado, solito y muy tranquilo. Me acerqué a él, lo agarré de las riendas y lo amarré al primer árbol que vi, después me dediqué a lo más importante, buscar a mis amigos.

Me acerqué a la orilla de la cascada donde se formaba el cauce. Me quedé viendo como caía el agua en grandes cantidades, la manera en la que chocaba contra las rocas que salían del río y como al chocar formaban una nube de pequeñas gotitas de agua que me llegaba en forma de brisa hasta donde estaba. Se sentía una frescura inigualable y se veía un espectáculo que sólo la naturaleza podría dar. No me cansaba de admirarla, hacía un ruido tan fuerte que me ensordecía, no me quedó más que con mis ojitos voltear a todos lados a ver si los veía, porque, aunque gritara, nadie me iba a escuchar.

En una de esas miré, no muy lejos de mí, una mano que se agarraba fuertemente de la rama de un árbol que caía dentro de la cascada y una cabeza saliendo del agua. Rápidamente me quité los zapatos y calcetines, arremangué mis pantalones y corrí por la orillita para ver quién era.

Hubo momentos en que me tuve que meter al agua por lo difícil del camino, nada más sentía el filo de las rocas y lo resbaladizas que estaban, era como si me cortaran la planta de los pies. A pesar de todo seguí adelante. Cuando llegué ya estaba bien mojado, pero ni modo, eran mis amigos los que estaban en peligro, así que lo más importante era saber si estaban bien.

—¡Chón, Meli! ¿Dónde están? — grité. Con mucho trabajo escuché.

—Sebas, estamos bien—me acerqué lo más que pude y me agarré de lo más grueso de una rama para ayudarlos a salir.

—Ponte listo Sebas porque está muy fuerte la corriente, no te vaya a jalar—gritaron.

—No se preocupen, van a ver que llego porque llego —respondí, aunque pensaba que yo solo no iba a poder. Se me ocurrió otra idea, salí del agua y busqué una vara larga y gruesa, cuando la encontré la deje a la orilla del cauce, regresé por el caballo y lo acerqué lo más que pude a donde estaban ellos, agarré la vara, la puse en un extremo dentro del estribo, metí el pie y pise con fuerzas. Con una mano tome la rienda y con la otra la vara me dirigí a donde estaban ellos sin poner en peligro al animal y controlarlo para que no se espantara por el ruido de la cascada. Me acerqué lo más que pude, detuve al animal y sin bajarme fui acercándoles la vara que, como estaba larga, alcanzó muy bien a donde estaban ellos.

El primero que la agarró fue Chón. Le grité que se agarrara fuerte y obligué al caballo a retroceder para que con su fuerza lo sacáramos sin problema. Una vez que salió del agua se soltó de la vara y se fue arrastrando como pudo hacia tierra firme. Le pregunté —¿cómo te sientes?

Me contestó —Bien cansado y me duele todo el cuerpo, no siento mis piernas ni mis manos y me duele un chingo la cabeza por lo frío del agua. ¡Cómo eres cabrón, Sebas! Si no le hubieras jalado la cola al caballo no se hubiera desbocado. Venía el caballo hecho la madre y por más que le gritaba "ohhh" y le jalaba las riendas no se paraba, fue hasta que llegamos a la orilla de la cascada que el pinche caballo de repente se detuvo, creo que se asustó cuando vio que ya no había *pa'* dónde seguirle. Todo fue tan rápido que Meli y yo salimos disparados, afortunadamente caímos en una parte donde no había rocas, si no ya no contarías con nosotros. Ahora si te pasaste Sebas, pero por lo pronto a ver si puedo ayudarte a sacar a Meli, ha de estar congelándose allí dentro y no vaya a ser que el cansancio le gane, se suelte y ve tú a saber si lo volvamos a ver. Mejor te ayudo a cargar la vara y entre los tres lo sacamos.

—No Chón, descansa, tú te ves mal y yo puedo hacerlo solo. Con las fuerzas que tiene mi amigo el caballo y con la vara que traigo es más que suficiente.

—Mira Sebas, ya deja de joderme y vamos por el Meli antes de que sea tarde —respondió Chón, muy decidido.

Cargué la vara por un extremo, nos acercamos lo más que pudimos a donde estaba y le gritamos para ver cómo se sentía, pasaron algunos segundos en los que Chón y yo enmudecimos imaginándonos lo peor, hasta que por fin oímos el grito de Meli —¡Estoy muy cansado pero bien!

—Ponte listo que ahí te va la vara, alcánzala cómo puedas y agárrate fuerte. Nosotros te jalamos y tú nos gritas cuando estés listo —le dijimos.

—Sí, está bien

—Entonces ahí te va ¿ya la tienes cerca?

—No, todavía no la alcanzo, acérquenmela un poquito más —así lo hicimos

—¿Así está bien?

—Sí Sebas, ya me agarré de la vara bien fuerte. Jálenle fuerte y rápido que ya me estoy entumiendo del frío, ya tragué más agua que un crudo.

—¡Sebas, jala a Meli con todas tus fuerzas! Ahorita hago que este caballo también le eche ganas hasta que esté en tierra firme. ¿Me entendiste? —Me dijo Chón.

Meli soltó la vara, Chón corrió a ayudarle y se puso de cuclillas, lo tomó de los brazos y lo sacó como pudo. Yo me bajé del caballo y corrí a auxiliar a Meli, en cuanto lo vi le pregunté —¿Cómo te sientes?

Él me dijo lo mismo que Chón —Bien cansado y todo adolorido, ya me estaba llegando el agua al cuello. Te pasaste de listo, Sebas, ¡la neta! Mira cómo quede güey, pero ¿sabes qué? nos la vas a pagar, porque lo que hiciste no se vale.

—Oh qué la chingada, parece que se pusieron de acuerdo en lo que me iban a decir. Ya perdónenme, sólo quería que el animal se moviera, nunca creí que se fuera a encabritar, pero cómo es que tú, Chón, no pudiste detenerlo, le hubieras jalado las riendas con huevos.

Chón y Meli guiñaron sus ojos, se levantaron y se fueron contra mí. Me tomaron uno de los pies y el otro de los brazos, me llevaron a la orilla de las cascadas y me empezaron a columpiar, cuando iban a darme la sexta columpiada tomaron vuelo y con todas sus fuerzas me soltaron. Fui a caer cerca de la caída de agua.Sentí que estaba envuelto entre cientos de litros de agua, no podía respirar, el agua me golpeaba por todos lados, creí que me ahogaba. Estaba todo descontrolado pero si no hacía algo me iba a llevar la chingada, de eso estaba seguro. Me tranquilicé, tomé el control de mi cuerpo para poder ubicarme y nadar hacia la orilla.

Aún con el susto que traía saqué fuerzas de donde pude y logré salir. Más adelante la corriente estaba tranquila y pude nadar con menos esfuerzo, así lo hice hasta llegar a tierra firme.

Mientras yo me moría del susto, bien cansado por tanto esfuerzo y casi sin poder respirar volteé a ver a los muchachos y los dos se estaban carcajeando.

Casi se orinaban en los pantalones, mientras que yo estaba bien enojado gritándoles que me ayudaran a salir. Me estaba agarrando casi con las puras uñas y estos güeyes no dejaban de carcajearse, no pararon hasta que les grité —¡No se pasen, ayúdenme! Ya no puedo más.

Se acercaron y cada uno me tomó de un brazo y, jalándome con fuerzas, me sacaron del agua. Empecé a sentir que volvía a la vida, me volteé boca arriba y miré al cielo, vi a el sol en todo su esplendor, sólo por unos segundos porque lastimaba mis ojos. Me entró una tranquilidad que jamás había sentido y sólo me dije —Qué padre es estar vivito y coleando, por eso, como dice mi abuelo, ¡Hay que vivir cada día como si fuera el último! Bueno, hay algo más que contar de mi vida.Volteé a ver a los muchachos y les dije —¡Estamos a mano y que conste que no lo hice a propósito!

—Cabrón, ahora si te pasaste con tu bromita. Por eso nos desquitamos, para que veas qué se siente. Nada de que no lo hiciste adrede, al contrario, sí fue con el fin de que nos diéramos en la madre, no te hagas —Me contestó Meli.

Intervino Chón diciendo —Bueno, ya estuvo. Tú te llevaste también lo tuyo por pasarte de listo, ya que ahí se quede y quedamos como siempre, como cuates ¿sale?

Chocamos las manos y aproveché para repetirles que me disculparan, que había sido un error y que agarraran la onda, así eran las aventuras, además no nos había pasado nada, sólo la empapada que nos dimos.

—Vamos a dejar el caballo a donde lo agarramos, a ver si no se dieron cuenta Doña Petra y Don Tertulio, porque si nos cacharon ya deben estar con mis abuelos acusándome, así es que ustedes ni se preocupen.

Seguimos platicando de todo eso, finalmente lo hecho ya no se podía remediar.

—Mejor vamos a caminar más rápido, para entregar al animal, a ver si no nos cacharon. Además también nuestros papás y tus abuelos ya han de estar bien preocupados —dijo Chón.

Caminamos hasta que llegamos al lugar donde tomamos prestado al caballo, nos acercamos silenciosamente, para que no se dieran cuenta, y lo dejamos en el mismo lugar, sin amarrarlo. Nos alejamos sin hacer ruido, al parecer nadie se dio cuenta, así que seguimos bajando a San Pancho.

Afortunadamente no tuvimos raspones ni heridas, sólo nos empapamos, pero luego de tanto caminar bajo los rayos del sol se nos secó la ropa.

Lo que sí es que andábamos bien despeinados y con las caras pálidas de pocos amigos.

Llegamos al rancho y nos despedimos, cada uno embarró saliva en sus dedos y nos la pusimos en la oreja por aquello de el regaño.

Capítulo VIII

Consecuencias

—Ustedes tranquilos, cuando estén frente a ellos agachen la cabeza, quédense calladitos y aguanten vara, ya que dejen de gritar váyanse a su cuarto, ya se les pasará el enojo. Si tienen hambre pues se chingan, porque no creo que sean capaces de decirle a su mamá que les sirva algo de comer. Espérense a que sus jefes se vayan a dormir, ya después van a la cocina y se preparan algo sin hacer ruido. —les dije a Meli y a Chón.

La verdad no tenía ganas de hablar con los abuelos, me iban a regañar, de eso estaba seguro, pues esta vez ni de Dios Santo me escapaba.

En casa no tomé ninguna pastilla, los medicamentos los administraba solo mi abuela y si iba a verla no me la iba acabar. La verdad era que otra vez no me sentía bien, mi plan de aventura no había funcionado, la había regado en todo y ya no tenía ni como arrepentirme. Lo hecho, hecho estaba.

Pensé en el regaño que me tocaría por no avisar a los abuelos y tomé una decisión, aún con todos los riesgos que implicaba.

Cerré la puerta, apagué la luz, me metí entre las sábanas y a dormir. Pasó un buen rato, de repente desperté descontrolado en la oscura habitación debido a un grito fuerte, que sonó a un lado de mi cama. Apenas estaba agarrando la onda cuando volví a escuchar ese grito aterrador que decía —¡Sebas, Sebas! ¿Por qué no me avisaste que ya habías llegado? ¿Qué crees que te mandas solo? ¿Qué puedes hacer lo que se te de tu regalada gana? ¿Crees que tu abuelo y yo no importamos? ¡No podíamos dormir porque no sabíamos dónde estabas o si te había pasado algo malo! ¿En qué mundo crees que vives Sebas? ¡Nos prometiste que te ibas a portar bien e hiciste todo lo contrario! Ya duérmete, que mañana vamos hablar muy en serio contigo porque ¡esto ya no puede continuar así! —Terminó la abuela.

—Sí abuela, como tú digas y perdóname. Mañana les cuento qué pasó, porqué llegué a esta hora y porqué no quise avisarles —le dije.

—No te preocupes, nos tendrás que explicar muchas cosas. Te adelanto algo, estuvieron aquí Doña Petra y Don Tertulio. ¡Buenas noches, nos vemos mañana! —Contestó la abuela.

—Hasta mañana, abue. Que descanses —Susurré.

Ella replicó —¡Qué que descanses ni qué nada! No me tienes contenta, ya duérmete.

La abuela salió del cuarto, yo me quedé muy preocupado y nervioso, tanto así que me la pasé dormitando toda la noche.

Ya empezaba amanecer cuando comencé a sentirme mal, me dolía el cuerpo, la cabeza y la garganta; me lloraban los ojos; tenía ganas de vomitar; me daban escalofríos y sudaba. Lo peor era que ni siquiera me podía parar para ir a ver a mi abuela, no tenía voz para gritarle y, además, con qué cara le iba decir lo que me pasaba, después de todo lo que había hecho. No me quedó más que aguantarme hasta que vinieran a ver porqué no me levantaba.

Y así fue, después de que amaneció escuché que tocaron la puerta y que dijeron —Sebas, Sebas ¿cómo estás? Ya levántate, vamos a desayunar y después vamos a hablar contigo

Me sorprendió que no pasaran. Como pude alcé la voz para hablar fuerte y les dije —Es que me siento mal.

Inmediatamente abrieron la puerta y entraron los dos con cara de preocupación, el abuelo preguntó —¿Qué tienes? ¿No será que te estás haciendo el enfermo para que no te regañen por lo que hiciste ayer?

—No abuelo, te juro que me siento mal, me duele todo el cuerpo —Respondí.

Se acercó la abuela y puso la palma de su mano en mi frente y en voz alta dijo —Tienes fiebre ¿Que te mojaste ayer? Estás muy caliente.

Le dije —Sí abuela, ayer fuimos a las cascadas y nos mojamos.

—Bueno, después nos platicas todo lo que hicieron, pero por lo pronto, Paco, quédate aquí con Sebas. Voy por el Dr. Melquiades, al cabo no está tan lejos su consultorio, no vaya a ser que se ponga peor este niño. No me tardo —fue diciendo la abuela.

No pasó mucho tiempo para que llegara mi abuela con el doctor, quien de inmediato sacó de su maletín un termómetro para checarme la temperatura, me lo puso en el sobaco y me pidió que cerrara el brazo para sostener el termómetro; me revisó la boca, la garganta, los oídos y el pecho; sacó un cuadernillo; me pidió que me acostara y él se sentó en la cama; tomó su pluma y empezó a escribir al mismo tiempo que les explicaba a mis abuelos cuál era el diagnóstico. Escuché que tenía fiebre, las anginas inflamadas por infección, los pulmones llenos de flema y que todo eso me provocaba dolor de cuerpo y mucho cansancio; por último, escribió los nombres de las medicinas que tendría que tomarme, dijo que por ningún motivo me podía levantar de la cama, ni bañarme y que debía seguir al pie de la letra la receta médica. Se comprometió regresar en 7 días para ver cómo seguía y decidir si me daba de alta o seguía con el tratamiento.

La abuela, sin considerar lo mal que me sentía, me dijo —Ahora sí, ¿nos puedes explicar a qué se te ocurrió jugar con tus amigotes que hasta te enfermaste? y ¿por qué llegaste tan tarde? Vinieron a acusarte Doña Petra y Don Tertulio por llevarte su caballo sin pedirlo prestado. Jamás habíamos tenido problemas con ellos, lo que hiciste estuvo muy mal. Dime ¿de qué se trata todo este enredo? y más vale que ahora tengas una buena explicación.

Harto de escuchar tanto pinche sermoneo interrumpí y le dije —Abuela, déjame explicarte lo que sucedió. Primero, no sé porqué esos viejos vinieron a chismearte que me llevé su caballo, si estaba suelto y no había nadie en la casa para pedirles permiso. Les tocamos la puerta un buen rato y nadie salió, como lo vimos solito y estaba muy inquieto nosotros le entendimos que quería dar una vueltecita y nos lo llevamos, de regreso lo dejamos en el mismo lugar en donde lo encontramos.

Además, el méndigo caballo se desbocó nada más porque Chón y Meli lo montaron, como no quería caminar le jale la cola y de repente se arrancó. Esos tontos no lo pudieron parar, el caballo se detuvo de golpe antes de llegar a la cascada, creo que se espantó cuando sintió la brisa, en ese momento esos güeyes salieron volando a la cascada.

—Si tú crees que no hiciste nada entonces tu abuela y yo estamos verdaderamente locos. Voy a hablar con los papás de tus amigos, para ver cómo están y pedirles disculpas, ahorita regreso. No se te ocurra pararte ni al baño, te voy a traer la bacinica, papel y también la palangana con agua tibia para que te laves las manos.

Pasó un largo tiempo antes que regresara alguno de los dos. Me quedé meditando sobre las vacaciones tan intensas que estaba pasando. A veces me sentía mal por mi comportamiento pero mis ideas me ganaban, no sabía porqué el abuelo me regañaba si él mismo decía que en la vida el que no arriesga no gana.

Escuché que abrían la puerta, era mi abuela con las medicinas. Me tocó la frente con la palma de su mano y me dijo —Todavía tienes calentura, te voy a dar la medicina para que empiece a hacerte efecto y voy a la cocina para prepararte algo ligero de desayunar.

—Sí abuela, gracias por todo. No sé cómo agradecerte todo lo que haces por mí. Te quiero mucho y esto nunca lo voy a olvidar —respondí.

De repente entró el abuelo sin tocar, se paró junto a mi cama y, sin preguntarme cómo seguía, empezó con sus gritos —¡Ya hablé con los papás de tus amigos y están muy enojados porque los dos amanecieron resfriados!, aunque no para estar en cama como tú. ¡Están muy molestos porque todas las veces que te los has llevado a jugar han llegado muy tarde! Afortunadamente no supieron lo del caballo, si no la situación se hubiera armado peor. Me advirtieron que, por lo pronto, sus hijos no van a poder salir a jugar porque van a tener que darle un repaso a sus lecciones para que no lleguen desconcertados a la escuela, eso me dio la idea de que a partir de mañana, mientras estás en cama, me sacas los libros que te puso tu madre en la maleta y te me pones a estudiar. Ahora sí, ya te dejo para que descanses, yo también me siento muy cansado y aturdido por todo lo que ha pasado ¿Ya desayunaste?

—No abuelo, Pachita fue a prepararme algo. Creo que no tarda, porque ya tiene rato que se fue —contesté.

Salió el abuelo sin decir nada y yo solamente pensé "Pinches vacaciones, ahora hasta tengo que estudiar.

¡Como si no bastara todo lo que estudio en la ciudad!, vale madre. Tendré que darle una repasada a mis lecciones, ni modo, voy aprovechar que estaré en cama mínimo 7 días y sirve que me entretengo en algo."

Por fin llegó la abuela con el desayuno en una charola de aluminio, todo se veía bien rico.

Me dijo —A ver Sebas, siéntate, te voy a acercar el lavamanos para que estés limpio antes de desayunar, aquí está la toalla para que te las seques y te dejo la charola con la comida aquí, sobre tu cama, cuando termines me gritas para llevármela. Voy a sacar los libros que trajiste para que en cuanto termines te laves los dientes y te pongas a estudiar.

Tardé un buen rato en hacerlo, puse la charola encima de la mesita, pero, quién sabe por qué, me agarró un sueño de los mil demonios. Acomodé bien la almohada, me acosté y me dormí, cuánto tiempo, no sé, sólo sé que fue mucho. Desperté tan a gusto y con tantas ganas de hacer cosas que no dudé en gritarle a la abuela, dos o tres veces, hasta que me escuchó, le dije —¿Por qué no venías, abue? Me puedes retirar la charola y acercarme el agua para lavarme los dientes y nos pongamos a estudiar, ya me dormí un buen y quiero aprovechar que ahorita me siento un poco mejor.

Ella se sentó en la orilla de la cama, ya con varios libros sobre las rodillas y me preguntó —a ver, hijo, ¿En qué materia es dónde sientes que vas más atrasado?

—Yo creo que en matemáticas, llevo 6 de calificación. Me cuesta trabajo hacer las divisiones y la raíz cuadrada, entonces ahí ando la verdad bien perdido.

—Bueno, te voy a enseñar cómo se hacen. Te voy a poner tres ejemplos y después escribo unas para que tú las resuelvas ¿te parece? —dijo la abuela.

La abuela me explicó tan detalladamente y con tanta paciencia que le entendí muy rápido. Terminamos los ejemplos y al darse cuenta de que las había resuelto rápido, me preguntó:—¿Entendiste ya los pasos para resolverlas? Si tienes alguna duda, es el momento de que me preguntes hasta que entiendas bien cómo resolverlas, que no te de pena.

Le contesté que ya me había quitado las dudas y que con las que resolví ya me sentía seguro. Entonces me dijo —Te voy a poner otras tres, para que ahora sí las resolverás tú solo. Tómate el tiempo necesario, ya no se vale preguntar nada. Empecé a resolver las tres raíces que me puso y no tardé mucho. Al terminar de resolver la tercera eché un grito fuerte, tanto que mi abuela se espantó y dio un brinco en la cama que me hizo rebotar a mi también.

Una cosa era cierta, ese día había aprendido a resolver raíces cuadradas y sentía que por primera vez había aprovechado unas horas de mis vacaciones en algo bueno.

No cabe duda que está en uno esa responsabilidad y es más fácil si cuentas con gente tan bonita como mi abuelita, que me tuvo mucha paciencia y dedicación.

—Mira Sebas lo que importa es que te pongas al corriente para que cuando empieces tus exámenes, saques buenas calificaciones y te regularices. A ver, dime, ¿qué más se te dificulta?

—Las fechas de nacimiento de muchos héroes tanto de la independencia como de la revolución.

—Enfoquémonos en hacer algunos ejercicios sobre esta materia que también te cuesta trabajo entender, regreso pronto —me respondió Pachita y salió de la habitación.

La abuela tardó más tiempo del que me había dicho, pero resultó mejor porque así aproveché ese tiempo para estudiar más. De repente se abrieron las puertas y vi a mi abuela de regreso para hacerme el examen. Me preguntó si ya estaba listo, le dije que sí y se sentó en mi cama.

Tomó la hoja en donde había hecho la tarea y me hizo las preguntas, sólo me equivoque dos o tres veces, ella insistió en que se lo repitiera hasta contestar correctamente. Cuando terminamos me dijo —Con estos ejercicios se te va a facilitar entender la materia y vas a pasarla con buena calificación.

Bueno hijo, ya terminamos. Cuando quieras me llamas para traerte algo de comer. Qué bueno que aprendieras algo el día de hoy y que no fueron travesuras como han sido todas tus vacaciones. Descansa. —Finalizó y cerró la puerta.

Cuando desperté, le grité a la abuela para que me trajera algo de comida. Me la mandó con el abuelo, quien me dijo —¿Cómo te sientes Sebas? —le conteste que ya mejor. Él traía la charola repleta de comida, olía delicioso. La puso en la mesita y recogió la palangana, yo me senté en la orilla de la cama y me acomodé de tal forma que pudiera comer bien. Extrañamente el abuelo también se sentó a mi lado en la misma posición, así que pensé "algo querrá decirme, si no ya se hubiera ido." Comencé a comer y el abuelo no dijo nada, sus ojos solo miraban al piso pensando quién sabe qué chingados.

Seguí comiendo, sin detenerme, pero ante el silencio del abuelo comencé a ponerme nervioso. Su presencia siempre me imponía, él no era una persona que hiciera las cosas nada más porque sí, siempre había una razón y normalmente pensaba todo antes de hacerlo. Era un hombre muy inteligente y sabio.

Terminé de comer, subí los pies a la cama y puse una almohada en la cabecera. Me recargué, lo miré y parece que le dije "Adelante con lo que me vayas a decir, estoy listo para escucharte, ya con la panza llena todo lo que venga será bien recibido" pues no tardó en voltearme a ver, me miró a los ojos y me dijo, con voz suave:

—Sebas, he hablado muchas veces contigo sobre tu comportamiento y parece que hablo con la pared, porque no has entendido nada. Entiendo la prisa que tienes por vivir la vida y sobre todo que no mides el peligro, te arriesgas sin pensar en las consecuencias que puedes provocarte. Parece que te dejas llevar por tus instintos y no por la razón y eso no es bueno, porque nunca vas a llegar a ningún lado y menos vas a obtener buenos resultados para tus proyectos a futuro. Tú vas corriendo, pero sin rumbo, eres igual que un pájaro sin alas, de nada le sirve ser pájaro si no puede volar. Por eso te pasan tantas cosas malas, mejor te invito que a partir de ahora pienses bien lo qué vas hacer antes de ponerlo en práctica y te aseguro que te van a salir bien las cosas.

Guardó silencio y aproveche para replicarle —Abuelo, pero tú me has dicho que el que no arriesga no gana. Me desespero con mis amigos porque quieren jugar como si fuéramos niños tontos y eso me aburre, por eso invento juegos donde hay riesgos y donde exponemos nuestras vidas, eso nos hace ser valientes y no temerle a nada, en pocas palabras, nos hace ser más hombres. Que no se te olvide que vengo de la ciudad donde si no te pones vivaracho te lleva *pifas*.

El abuelo me interrumpió y dijo —Dime, qué tal si a tu edad, donde todavía no sabes nada de la vida, te sucede algo grave que sea irremediable para tu salud ¿De qué te serviría tanta valentía? No confundas el jugar con el peligro, no tiene nada que ver una cosa con otra. Piensa en todo lo que te dije, aunque sé que nunca me vas a entender, pero espero que de esta platica algo se te grabe y te sirva para tu futuro.

—Está bien abuelo, tomaré en cuenta todo lo que me dijiste, te lo agradezco. Es que a veces me entra la loquera y me lleva hacer puras tonterías. ¿Sabes qué me pasa?, siempre quiero ser el mejor y destacar ante los demás.

—Eso no es pensar mal Sebas, simplemente camina por la vida con más calma porque eres un joven muy inteligente y con mucha actitud. Ya por último te aconsejo que toda esa energía que derrochas en hacer travesuras donde pones en peligro tu vida y la de los demás, la canalices en cosas provechosas. Enfócate en aprender, en construir, en estudiar y vas a llegar muy lejos, de eso estoy completamente seguro. Yo hubiera querido que a la edad que tienes alguien se hubiera acercado a platicarme sobre cómo caminar por la vida, pero nunca tuve esa oportunidad. Sé que lo vas hacer, tienes todo para hacerlo. En fin Sebas, espero que haya servido de algo esta plática. Ya no me digas nada, simplemente analízalo y pon en práctica lo que tu creas pertinente, lo que creas que no sirve deséchalo, no tiene caso que lo guardes, mejor ese hueco que queda en tu cerebro déjalo para nuevas ideas, que mucha falta te van hacer.

—Abuelo, ahora sí que me dejaste mucho qué meditar. Me gustó que fuera como una plática entre amigos, eso me obliga a darle una repasada a mi forma de pensar para saber qué estoy haciendo bien o mal y es muy buen tiempo para rectificar el camino y ponerme las pilas —le respondí.

Capítulo IX

Reflexiones

Me quedé solo y me puse a pensar en todo lo que había hecho durante las vacaciones.

Aunque nos divertimos, también era verdad que había expuesto a mis amigos a muchos peligros y la peor parte era que lo hice sin razón alguna. Pensé "en cuanto me sienta mejor los iré a visitar y platicaré con ellos de una forma sana. Debo respetar que ellos nacieron aquí, en San Pancho, y están acostumbrados a un ritmo de vida más tranquilo, sin malicia y sin correr riesgos, ¿quién soy yo para venir alterar su ritmo de vida?".

El abuelo tenía razón, quería vivir la vida en el rancho como se vivía en la ciudad, pero las cosas no funcionaban así. Pensé "sí es necesaria esa plática para disculparme y que no se queden con una imagen negativa de mi. Además, quién sabe cuándo los vuelva a ver, la vida da muchas vueltas y siempre nos va llevando por caminos diferentes. Ya me quedan pocos días de vacaciones y siempre que me voy de aquí me pregunto si serán las últimas. El tiempo que me queda quiero portarme bien para no preocupar más a los abuelos y que puedan seguir su vida normal".

Se cumplió la fecha en la cual el doctor tenía que regresar para darme el último chequeo. Entró con mi abuela al cuarto y me dijo —¿Cómo te has sentido? ¿Te has tomado todos tus medicamentos como te dije?

—Sí, doctor, mi abuela ha estado al pendiente de dármelos como usted ordenó y ya me siento bien —contesté.

—Entonces déjame hacerte un chequeo general, para descartar cualquier duda y si todo está bien de una vez te doy de alta ¿te parece?—Sí, doctor, como usted me indiqué —respondí.

Me hizo un chequeo completo con todos los aparatos y al final me dijo —Creo que todo está bien, ahora nada más a cuidarte de los cambios bruscos de temperatura, tomar mucha agua y comer frutas y verduras, con eso vas a estar muy bien. Ya puedes hacer tu vida normal y ya te puedes bañar, has de oler a zorrillo.

—Muchas gracias doctor, prometo hacerle caso en todo lo que me dijo. Sé que finalmente será para mi beneficio —le contesté.

La abuela también le dio las gracias y le preguntó cuánto le debía. El doctor le contestó —lo de siempre Pachita, ya sabe que a ustedes los estimo mucho y siempre es un gusto verlos.

—Gracias doctor, lo acompaño al patio.

La abuela volteó a verme y me dijo —Ahora regreso Sebas, no me tardo.

Cuando la abuela regresó me comentó que estaba muy contenta porque el médico ya me había dado de alta. Me dijo —Sebas, más vale que pienses bien las cosas antes de pedirnos permiso, porque ahora sí lo vamos a pensar mucho antes de tomar una decisión.

Al día siguiente, salí de mi cuarto tras siete días de estar encerrado. Había un sol esplendoroso y todo lo que veía a mi alrededor se me hacía muy bonito. Ya estaba arreglado, listo para ayudar en los quehaceres de la casa, aunque no lo creas, Cirilo.

Extrañaba los gritos de la abuela, así que fui a buscarla a donde estaba seguro de encontrarla: en la cocina. La encontré y le pregunté —¿Cómo estás? ¿en qué quieres que te ayude?

—¿Tú cómo te sientes, Sebas? Se ve que amaneciste mejor ¿ya tienes ganas de trabajar? Si es así ve por leña para prender el fogón, después llena los botes de agua y luego barre el patio, que está hecho un asco. Sirve que termino de preparar el desayuno. Ya que termines te vienes a desayunar —me respondió Pachita—. Espero que Paco no se tarde, si por ahí lo ves le avisas para que desayunemos juntos. —la abuela continuó— Voy a aprovechar los días que te queden con nosotros para que nos ayudes a ir almacenando lo más que se pueda de leña, porque para nosotros es muy pesado ya. ¡Corre, no te tardes! ¡Ah! y vete con cuidado, nada de travesuras, ya no queremos más problemas. Recuerda que ya se están acabando las vacaciones y tienes que regresar a tu casa tal y cómo viniste ¡completito!

—Sí abue, no te preocupes voy a seguir tus consejos —salí tarareando una canción rumbo al monte. Llegué al lugar en donde estaba la leña y junté la que pude, la abracé y empecé el camino de regreso.

En eso pasó un conejo junto a mí, uno de esos grandotes y gordos, dio un salto que casi llegó a la altura de mi cabeza, fue tan fuerte el susto que solté la madera, la cual, sin querer, golpeó al conejo y lo lastimó de tal forma que el pobre ya no pudo caminar. Me acerqué a ver que tenía y noté que una pata se le había roto. Pensé en darle garrotazos con un tronco hasta que se muriera y así llevármelo para que mi abuelo lo preparara y mi abuela lo guisara al carbón o en chile guajillo con esos frijolitos y esas tortillas que hacía a mano. Me imaginé una salsa de molcajete para hacernos unos ricos tacos que de seguro quedarían como para chuparse los dedos. Abracé la leña como pude y con la otra mano tomé al conejo. Pensé "mejor me lo llevo como está y ya que mis abuelos piensen qué hacer con él."

Me lo llevé cargando hasta la casa, escuchando nada más sus chillidos de dolor. Pensé "con este conejo ahora si voy a ser un héroe para mis abuelos, ¡qué suerte!, sin buscarlo cayó a mis pies. No cabe duda de que soy un chingón". Llegué a la cocina dejé la leña en el fogón y al conejo, que no se movía por el dolor, encima de la mesa.

Allí estaban mis abuelos sentados, en cuanto vieron al conejo se quedaron mudos y con cara de susto, creí que me iban a recibir con un "¡Sebas te felicitamos por traer la comida de mañana! ¿Cómo lo hiciste? No es fácil cazar un conejo se necesita un rifle 22 cuando menos y muy buena puntería para darle antes de que corra y se escape", pero mi sorpresa fue mayor cuando el grito aterrador del abuelo retumbó en la cocina y escuché el ruido que hizo cuando con sus manos golpeó la mesa.

—¿Ahora qué hiciste? Te dije que a los animales se les tenía que respetar ¿Qué te pasa? ¿Estás loco? Acabas de levantarte de una enfermedad y en tu primera salida lo que haces es matar un conejo.

Me quedé como idiota escuchando sin poder decir nada hasta que se cansó de hablar. Le dije, sin ganas —¿Por favor me dejas hablar un momento, abuelo?, te voy a explicar lo que pasó. El conejo no está muerto, está herido. ¿No te gustaría que tú te lo echaras y mi abuela lo guisara asadito o en adobo? Ya tenemos comida para mañana ¿Qué te parece que en vez de tanto regaño mejor lo hacemos así? Tú dime si esta mal o ¿qué piensas tu abue? —Se me quedaron viendo como bicho raro y el pinche conejo encima de la mesa chillando de dolor.

La abuela me volteó a ver muy seria me preguntó —Sebas, dinos ¿qué hiciste ahora? ¿Por qué traes ese conejo medio muerto? ¿En dónde te lo encontraste?

Les platiqué toda la historia, ya sin rodeos, y terminé diciéndoles —eso fue lo que pasó y lo mejor que se me ocurrió fue traerlo, además, déjenme contarles que en la Ciudad de México y sus alrededores existen muchos restaurantes y puestos en la carretera que venden conejo asado. Lo preparan en adobo, al tamarindo y al mango; te dan tortillas hechas a mano con arrocito, frijolitos y una salsa de molcajete deliciosa. Nadie se espanta por comer conejo, al contrario, esos lugares siempre están llenos, entonces yo no sé porqué tanto pinche regaño por traerles un conejo y decirles que nos lo comamos. Lo que sucede es que están bien atrasados y por eso se les hace un pecado.

—No nos faltes al respeto Sebas, aquí estamos acostumbrados a respetar la vida de los animales del campo, que son los que le dan vida. Es por eso que no los tocamos —dijo el abuelo.

Les dije —Ya abuelos, no se pasen, si sólo es un pinche conejo, como éste hay un chorro allá en el monte, por uno que nos comamos no se van acabar. Anímense y por esta ocasión rompan por un ratito con sus dichosas costumbres, ayúdenme a prepararlo para comérnoslo. Si aceptan, invito a Chón y Meli, para que nos acompañen en mis últimos días de vacaciones, al cabo sí nos alcanza, está re-grandote y requete gordo. Con unos frijolitos que prepares abuela ¿para qué queremos más? ¿Qué dicen?

Por fin habló el abuelo y se dirigió a Pachita —¿Tú qué opinas?

A lo que ella respondió —Lo que tú decidas Paco, creo que Sebas tiene razón, él ya se va y no estaría mal darle su despedida con una comidita de esas. El animal ya viene lastimado y aquí no tenemos veterinario para que lo cure, mejor lo matas y yo lo preparo como dice Sebas, será nada más por esta ocasión y sirve de que invita a sus amiguitos que todos estos días nada más los fastidió. Es una forma de demostrarles amistad y respeto.

—Bueno Sebas otra vez te saliste con la tuya y nos convenciste, vamos a organizarlo. Por lo pronto ve a colgar ese conejo a cualquier árbol mientras traigo la herramienta para matarlo y quitarle la piel, destazarlo. Llena una tina con agua, ahí en el patio, ahí lo vas a lavar después para quitarle la sangre y la suciedad. Ya limpio se lo llevas a la abuela y se lo pones con todo y palangana en la mesa para que lo vaya preparando—dijo el abuelo.

—Sí abuelo, ahorita lo hago—respondí.

—Ah, y después te me vas a ver a tus amigos para que los invites. Les dices que le pidan permiso a sus papás para que vengan a comer mañana y aprovechamos para que sea tu comida de despedida ¿qué te parece? —dijo el abuelo.

—Sí, abuelo, creo que tienes razón, voy hacer eso más tarde ¿estas de acuerdo?

—Cuando puedas, pero tienes que hacerlo hoy porque el tiempo está encima.

—Sí, no te preocupes, de regreso te aviso que me dijeron.

Me agarró la noche de regreso a casa. Traía buenas noticias para todos ¡Sí les habían dado permiso de ir a comer!

Con la advertencia de sus papás de que por ningún motivo se podían ir a otro lugar, por todo lo que había pasado la última vez que salimos a jugar.

Me dirigí a la cocina y ahí estaban mis dos abuelos bien sentaditos cenando un cafecito con leche y una pieza de pan, de inmediato corrí a lavarme las manos y me senté. Le pedí a mi abuela que me sirviera una taza de café.

Les conté que primero fui a la casa de Chón y platiqué con él, le dije a lo que iba y me dijo que lo esperara para pedirle permiso a sus papás, no tardó y me dijo que estaba bien que nos veíamos mañana aquí en la casa, así que me despedí de él. Después me fui a ver a Melitón y también me dijo lo mismo, creí que iban a estar enojados, pero no abuelos, se portaron como siempre conmigo, a toda madre.

—¡Sebas! —gritó Pachita —deja de decir majaderías.

—Perdón abue, trataré de ya no decirlas.

Capítulo X

La despedida

—Abue, ya terminé de cenar, ¿quieres que te ayude en algo? Es tarde, pero no quiero que mañana se nos junte el trabajo y nos gane el tiempo —le pregunté a mi abuela.

—No, ya está prácticamente todo, ya solo falta calentar y hacer las tortillas, pero esas las hago un poquito antes de que comamos.

Llegó el día, el abuelo y yo comenzamos nuestras tareas. Me quedé todo sucio, así como salí de mi cuarto, no tenía caso cambiarme porque primero había que preparar todo lo de la comida. Ya al terminar me bañaría y me pondría guapo.

Tocaron la puerta, corrí a abrir y me llevé una gran sorpresa cuando vi a mi amigo Chón que venía bien arregladito y perfumadito —Quiubole Chón, ¡qué bueno que viniste! Pásate, vamos para que saludes a mis abuelos —le dije entusiasmado.

Nos dirigimos a la cocina donde mi abuela estaba haciendo los últimos preparativos para la comida. Mi abuelo ya estaba sentado en el comedor.

—Después de tantos años, Sebas regresa al rancho de vacaciones pero ya quiero que se vaya. No me molesta su presencia, al contrario, lo queremos mucho, pero creo que entre más crece se vuelve más travieso y sobre todo no mide el peligro. Si algo le llegara a pasar ¿Qué cuentas le entregamos a sus papás?

—Ay abuela, se preocupan por nada, ya no somos unos niños, ¿Qué quieres que nos pongamos a jugar a las canicas? Eso ya no es para nosotros ¿O no, Chón? —les dije con entusiasmo.

—Mira, yo no estoy de acuerdo contigo porque para ti jugar es arriesgar la vida y para nosotros es diversión. Ayer que fuiste a la casa para lo de la comida te dije que mi papá me daba permiso de venir, pero sólo a comer, porque ya no quiere que juegue contigo —respondió Chón.

—¿Para qué le cuentas nuestras aventuras? Eso es ser pendejo. Deberías usar la cabeza, ¿cómo vas a aprender de la vida si no haces cosas diferentes? Mira tienen que ser más vivillos en todo, porque si vivieras en la capital ya desde cuando te hubieran puesto cada madriza que quién sabe cómo estarías ahorita —respondí.

—Ya Sebas, ya cállate, —me dijo la abuela —no le estés faltando al respeto a tu amiguito, porque aparte es tu invitado, mejor llévalo al comedor a que se siente y ofrécele un vaso con agua.

—Sí abue, creo que es lo mejor —respondí. Nos sentamos en la mesa, enfrente de nosotros quedaba el abuelo, lo saludo Chón y mi abuelo, con su tono de voz de militar, le regresó el saludo, después no le volvió a dirigir la palabra. No era para nada como Pachita, quien era bien dicharachera y siempre alegre, aunque cuando se enojaba también tenía lo suyo.

Escuché que tocaban a la puerta, le dije al abuelo que iba a ver quién era, me levanté de la mesa y abrí la puerta para encontrar a nada más y nada menos que mi amigo Melitón.

—Pásate —le dije—, ¡qué bueno que viniste!

—A mí también me da mucho gusto acompañarlos a comer. Oye Sebas, ¿Chón ya llegó?

—Híjole, desde hace ratote, te ganó, canijo. Apenas vamos a comer, vámonos al comedor a sentarnos —respondí.

—Oye, pero déjame primero saludar a tus abuelos —dijo Meli.

—Entonces vamos primero a la cocina para que saludes a la abuela y después al comedor donde están ya el abuelo y Chón.

Así lo hicimos, llegamos al comedor y Meli saludó al abuelo y a Chón.

Le grité a la abuela para saber sobre la comida y me contestó que ya estaba sirviendo los platos y que le ayudara a llevarlos al comedor.

—¿Por qué no me lo dijiste antes? Ya te hubiera ayudado.

Los traje y los puse en el lugar de cada quien. Escuché sus voces de sorpresa diciendo —¡Vamos a comer conejo con chilito!

—Ahorita les traigo las tortillitas, los frijoles y la salsa de guacamole que hizo la abuela para que los prueben, mientras vayan sirviendo el agua. Ya venía la abuela a sentarse con las tortillas recién hechas a mano, estaban grandotas calientitas y gorditas.

Ya sentados todos, el abuelo comenzó a hablar y nos dijo —Antes de empezar déjenme rezar la oración de gracias por recibir los alimentos —después de decirla continuó—. Ahora sí, todos a saborear este rico conejo que preparó Pachita con motivo de la despedida de Sebas, ya que se le acabaron las vacaciones y tendrá que regresar a la ciudad para ir a la escuela y a estar con su familia. Provecho a todos y gracias por haber venido.

Empecé a comerme la pierna y el muslo del conejo que la abuela me había servido, le di la primera mordida, estaba tan sabroso que me chupaba los dedos aún a sabiendas de que al abuelo le *rete* chocaba que hiciera eso.

Nada más veía como Chón y Melitón agarraban la tortilla, le ponían un trozo de carne de conejo con un poco de salsa, le daban una mordida al taco y una cucharada a los frijolitos de la olla.

—A ver Sebas, cuéntales a tus amigos de dónde trajiste el conejo que nos estamos comiendo —dijo el abuelo.

Pensé "si les miento, ¿los abuelos aguantarán vara o me obligarán a decir la verdad?".

Nada más les comenté que la abuela me había mandado al monte a traer leña y en el camino me lo encontré acostado y llorando, lo revisé y me di cuenta que tenía una pata rota y me dio tanta tristeza que decidí traerlo para curarlo, pero cuando lo vio el abuelo me dijo "Este animal necesita que lo operen y aquí no hay veterinario. Lo mejor sería sacrificarlo y comérnoslo", la abuela estuvo de acuerdo y se hizo así, después se pensó en invitarlos para hacer una despedida, ya que me voy. Por eso estamos reunidos, pues el pobre conejito, de todos modos, ya se iba a morir.

En eso Chón, me preguntó —¿Y cuándo te vas Sebas?

—El siguiente fin de semana —respondí.

—¿Vas a volver el próximo año?—No sé qué vaya a pasar, si todo va bien en la escuela y en casa seguramente sí.

Intervino Melitón y preguntó —¿Qué el siguiente año, al que vas a pasar, es más difícil?

—Sí, sobre todo en matemáticas y química, se me dificulta un poquito y por eso tengo que estudiar más porque son puras fórmulas y en esas materias es práctica y no memoria, entonces tienes que estar dale y dale hasta que te aprendas las fórmulas, pero de que puedo puedo.

—Ahí ni quién diga nada —se escuchó la voz del abuelo. —Mira hijo, en esta vida no hay imposibles si te dedicas a tomar tus clases con respeto y disciplina y preguntarle sin miedo al maestro las dudas que tengas, para que en ese momento te la resuelva y que no tengas problemas con tus tareas ya en casa. Acuérdate de lo que te digo, bueno también ustedes, Chón y Melitón, con disciplina y dedicación no existe algo que no se pueda hacer.

A echarle muchas ganas para sacar puro 10 de calificación.

No me aguanté y le dije al abuelo —No me friegues, se te olvida que también tenemos que jugar y echar cotorreo con las chicas. No todo es escuela abuelo, ahora si te orinaste fuera de la bacinica, todo con calma, y nos la amanecemos.

La abuela levantó la voz y casi gritando me dijo —¡No le faltes el respeto a tu abuelo! Que lo que les dice tiene toda la razón.

—Ay abuela, ¿que nunca fuiste joven?, ¿o todo el día te la pasabas encerrada? Yo no creo porque entonces ¿cómo conociste a Paco?, solo que te hubiera caído del cielo, y eso si está en chino.

—Ay Sebas, ay Sebas, ¿por qué para ti todo es hacer travesura tras travesura? ¿Por qué no tomas la vida con mas seriedad?

—Sí la tomo Abuela, pero ¿por qué no nos dicen que mitad desmadre y mitad escuela?

—Algún día entenderás por qué les decimos en qué camino tienen que andar, es para que no cometan los mismos errores que cometimos nosotros. ¿Ustedes qué piensan hijos? —dijo el abuelo.

—Que tiene usted razón Don Paco. No todo debe ser jugar, hay que echarle más ganas a la escuela que a otra cosa. Yo quiero terminar mis estudios en México, porque aquí no hay escuelas para lo que yo quiero estudiar. La verdad te envidio Sebas, porque tú vienes de donde tienen todas las oportunidades para estudiar lo que quieran y eso lo tienes que aprovechar. Sin embargo, nosotros aquí en San Pancho nos tenemos que fletar a todo lo que se nos diga que tenemos que hacer, aparte de la escuela, y más nos vale que lo hagamos porque no hay de otra ¿o no Meli? —preguntó Chón.

—Sí, aquí está bien difícil todo, por eso te veo, Sebas, y me cae que te respeto, porque eres bien aventado para todo y nada te da miedo, canijo. Le estoy echando ganas para que, igual que el Chón, me pueda ir a México. Quiero superarme y ganar buen dinero para ayudar a mis papás, porque aquí, tú lo sabes, no hay ni madres. ¡Perdón por la grosería, Don Paco y Pachita!.

Me dirigí a mis amigos y les dije —Gracias por haber venido a comer y por haberme aguantado todos estos días que salimos a jugar. Quiero que me disculpen por haberlos hecho pasar momentos de mucho riesgo, pero ¿a poco no fue divertido?

El abuelo comenzó a hablar y ya medio serio dijo —Sebas, te dije que esto es serio. Termina lo que quieres decir porque estos niños ya se tienen que ir, ya se hizo tarde y los van a regañar.

—No se preocupe, Don Paco, a mi me dijeron que, mientras estuvieran ustedes, no había problema de la hora —contestó Melitón.

—¡Uuuuuuuuuuu! Entonces el Diablo, de aquí soy yo. Lo único que hago es enseñarles nuevas experiencias para que sean chingones y que cuando vayan a México no los vayan a agandallar, eso es todo, mis cuates —les dije.

—Tú eres el líder porque nos gusta tu forma de ser, pero, como dijo Chón, ahora si te la jugaste con nosotros y nosotros contigo. Pero bueno, ya pasó, me quedo contento y a la vez triste porque quién sabe cuándo nos vayamos a ver ¿o no, Chón? —dijo Meli.

—Pues ojalá sea el próximo verano. Ya sabes, Sebas, que aquí te esperamos para jugar y divertirnos un rato. Sirve que nos enseñas todo lo que aprendas de nuevo ahora que regreses a México y, como dice tu abuelo, ya cuando nos vayamos entonces nos podrás acompañar.

—¡Claro! —Les dije.

Se despidieron de mí y de mi abuela, ella les dijo —Espérenme, dejen darles un itacate a cada uno para que se lo lleven a sus papás, espero les guste.

—No se moleste Pachita, no es necesario—le dijeron, pero la abuela les replicó que la esperaran, salió de la cocina, le dio a cada uno el itacate para sus papás y les repitió —Ojalá les guste, se los mando de todo corazón. Ahora sí, Sebas, ve a acompañarlos y te regresas con cuidado, no te tardes.

—Sí abuela, no te preocupes.

Se escuchó la voz de los muchachos agradeciéndole a Pachita y despidiéndose de Paco. Salimos rumbo a la casa de Chón, que era la más cercana, esperamos a que entrara y caminamos a casa de Meli. Llegamos e hizo lo mismo. Se despidió y le dije que antes de irme pasaría a despedirme. —Aquí te espero y gracias por todo, te regresas con cuidado Sebas —dijo Meli.

—No te preocupes, me voy a echar a correr por si sale un pinche animal, no traigo mi vara. Espero no pase nada. ¡Nos vemos Meli!.

Corrí sin parar, no se cuanto tarde en llegar, pero lo hice rápido y directo a la cocina. Todavía estaban los abuelos recogiendo todo, me pareció raro que el abuelo estuviera ahí, él era enemigo de meterse a la cocina. Sin preguntarles en qué les ayudaba, me dediqué a recoger lo que faltaba y ya con confianza les dije a mis abuelos —Gracias por haberme hecho esta gran comida de despedida, entiendo que no la merecía por mi mal comportamiento durante estas vacaciones, pero no saben como se los agradezco. Gracias abuelo, porque me dejaste decirle a mis amigos lo que se me ocurrió sobre cómo habíamos conseguido al conejo y no me reclamaste nada.

Ya terminé de recoger lo que faltaba, ¿me puedo retirar? Porque tengo un sueño bien cabrón, ya ven que nos levantamos bien temprano y fue trabajar y trabajar todo el día —les dije cansado.

—Por mí, Sebas, ya te puedes retirar, y a ver cómo le haces para no hablar con majaderías, ya no sé ni qué decirte. ¡Ah! y no quise intervenir con lo del conejo para no echar a perder estos momentos, que, la verdad, la pasamos bien. No sé si tu abuela te necesite para algo, pregúntale, porque yo ya me voy a dormir, estoy cansado. Mañana nos vemos y nos ponemos de acuerdo en qué vamos hacer —dijo el abuelo.

—Gracias por todo abuelo. Descansa, que merecido lo tienes. Ya le pregunté a la abuela que si me podía retirar y me dijo que sí, que mañana será otro día.

Así lo hice, me fui a dormir y dormí tan rico y tendido que cuando desperté ya era tarde. Me extrañó que ninguno de los abuelos hubiera ido a despertarme. Quién sabe qué pensaron que me dejaron en paz, así que aproveché para seguirme de filo.

Antes de levantarme de la cama me quité las cobijas, puse las manos sobre mi cabeza y me recargue sobre la almohada, de repente entre en un momento de reflexión y recordé todo lo que me dijo el abuelo. La verdad me dio tristeza, no era justo que los hubiera hecho pasar tantas preocupaciones, pero yo era así, me gustaba correr riesgos y no me gustaba jugar a lo ordinario. Me aburría y me desesperaba hacer lo mismo siempre.

Lo que más me preocupaba era que ya me iba y no sabía cuando los volvería a ver. Quisiera o no, las cosas iban a ser más difíciles porque habría más tarea con el cambio de escuela. Me había encariñado mucho con ellos y me daría mucha tristeza no verlos el próximo verano.

Mi cabeza daba vueltas y vueltas, me preocupaba que nadie viera por ellos, ya que vivian solos. Tenía sentimientos encontrados, pues a la vez sentía que pensaba pura tontería al creer que algo malo les iba a pasar.

Me levanté y me cambié. Fui a ver en dónde andaban para ver si ya estaban desayunando y acompañarlos, de otra forma tendría que servirme, no quería molestar a la abuela, pues con el trabajo de ayer, seguro estaba bien cansada.

Encontré a la abuela, como siempre, terminando de hacer el quehacer y le pregunté —Abue, ¿ya desayunaron?—Sí, tu abuelo ya se fue a ver sus animales, por eso no está aquí. No quise molestarte, estabas muy cansado, ¿verdad hijo? —me contestó la abuela.

—Sí, abuela. No tenía ganas de pararme pero ya estaba despierto, aunque con nostalgia porque ya se terminaron mis vacaciones y quien sabe cuando los vuelva a ver, estarán solos. ¿Qué va a pasar si alguno de los dos se enferma? no hay nadie quien los ayude, traigo esa preocupación en la cabeza. Ustedes se hacen más grandes cada día y va a ser muy difícil que solos se puedan atender. Yo espero que sigan bien y puedan vivir muchos años más para que pueda seguir viéndolos por mucho tiempo.

—Mira hijo, a nosotros también nos duele mucho que te vayas, ya nos acostumbramos a que cada verano estés con nosotros, aunque éste en especial tu comportamiento dejó mucho que desear. Espero que hayas aprendido algo de todo esto que viviste, no te preocupes en pensar tantas tonterías, porque nadie sabe qué va pasar mañana, mejor sonríe a la vida y vívela con intensidad. A tu edad todo debe ser alegría y dejar que el tiempo siga su curso, nada más cumple con lo que te corresponde hacer, pero eso sí, en todo lo que hagas da lo mejor de ti.

—Sí, mejor voy a aprovechar estos días que me quedan para estar más cerca de ustedes y gozarlos. Este verano fue diferente a los demás porque mis aventuras fueron más riesgosas, no sé si porque ya crecí o porque así nací.

Ya que termine de desayunar, le dije a mi abuela —Muchas gracias por el desayuno, voy a lavarme la boca y a buscar al abuelo para ver en qué le puedo ayudar.

Caminé todo el patio hasta que lo vi podando el jardín, me acerqué a él y le pregunté si quería que le ayudara en algo, me dijo que le trajera unos costales para echar todo el pasto que estaba cortando y así lo hice. Nos tardamos casi hasta la hora de comer. El abuelo me dijo —vamos a lavarnos las manos y a ver si Pachita ya nos sirvió la comida.

Terminamos y les propuse que por la noche hiciéramos una fogata por ser mi último día en San Pancho, así platicaríamos y cantaríamos un rato, aprovechando que traía la guitarra.

—¿Están de acuerdo? Aunque sea un ratito y luego ya nos vamos a dormir —les dije.

El abuelo contestó —Bueno, no te lo mereces por tantas preocupaciones que nos hiciste pasar, pero como en la vida no se sabe nunca qué va a pasar mañana está bien. Ve y prepara todo para que hagas la fogata.

—¡Ahí nos vemos más tarde! —les dije.

Fui a buscar la leña y las piedras, el ocote ya lo tenía, solo me faltaba ir por la guitarra que el abuelo tenía colgada en la sala. Fui por ella y la acomodé con mucho cuidado sobre un trapo que tomé de la cocina para que no se rayara.

Empezó a oscurecer y me senté en una de las piedras para mirar el cielo lleno de estrellas. Se veía bien bonito, con una luna grandota y brillante. Me hacía pensar en las cosas que viví durante mis vacaciones y en como me daba tristeza dejar a mis abuelos. Por primera vez, después de tantas veces, no quería regresar a la ciudad, sentía algo extraño dentro de mi que me detenía, pero, por más que lo pensaba, no lograba descubrir que era eso que sentía.

Cerré los ojos por un momento para no dejar salir de mi mente la vista que me regalaba la noche y que se quedara bien grabada para siempre. Me quedé así un buen rato hasta que el ruido de los pasos de mis abuelos me distrajo y los tuve que abrir. Les dije que se sentaran y que miraran al cielo para que vieran qué bonito estaba.

La abuela me contestó —Ay hijo, eso lo vemos diario aquí, ya nos acostumbramos a ver este espectáculo, lo sentimos parte de nosotros. Gózalo, porque no lo vuelves a ver quién sabe hasta cuándo. En la ciudad nunca verás esto, allá sólo ves una capa gruesa de smog y más smog. Todo esto que tenemos en el rancho es un regalo de la naturaleza que nos ha permitido llevar una vida más sana. Para nosotros, que ya somos viejos, eso está más que bien.

—Sí, tienes razón, a mí me gusta mucho estar aquí porque respiras aire puro, convives con los animales y la vida es más lenta, con todo eso te relajas mucho —le respondí a la abuela.

Se escuchó la voz gruesa del abuelo diciéndome —Oye, Sebas, ya prende esa fogata porque la noche está más fresca que otros días y ya empieza a hacer frío. Creí que ya iba a estar prendida cuando llegáramos y que estaría calientito este espacio.

—Abuelo no la prendí porque armé todo en cuanto se oscureció y ya ves que cuando la lumbre agarra su paso se acaba muy rápido, pero ahora mismo lo hago, eso es facilísimo. ¿Qué te parece si mientras vas afinando la guitarra para que se echen unas buenas canciones? A ver, te paso la guitarra.

—Pásamela, a ver si todavía me acuerdo —contestó el abuelo.

—Sí abuelo, tu siempre me has dicho que lo que bien se aprende nunca se olvida ¿o no? —le pregunté entusiasmado.

—Tienes razón, pero ya casi ni la toco, solo cuando hay visitas y eso pasa muy de vez en cuando. Vamos a ver, ahorita la afino.

Prendí la fogata, el abuelo afinó la guitarra y les dije —Ahora sí, abuelos, a cantar, ustedes dicen cuál.

El abuelo en seguida dijo —A ver ¿qué les parece ésta? —y se puso a cantar— *Aquella que va río abajo se llama Panchita y tiene los ojos grandes, la boca chiquita, no sé qué siento cuando me mira, mamita del alma, que esa Panchita recondenada me roba la calma* —el abuelo estaba tan inspirado que se la echo completa y hasta sentimiento le puso cuando la terminó.

—Ahora que te acompañe Pachita —me dirigí a la abuela—. Échale ganas, como cuando estás en la cocina, con ese vozarrón y ese sentimiento que sacas que hasta retumba la casita y parece que estás enamorada, pero mal correspondida —le dije entusiasmado.

—A ver Paco, acompáñame —y que empiezan a cantar. —.*A medias de la noche te soñaba, te soñaba, abrazándote conmigo, pero ay qué sueño, tan profundo es el amor. Despierta papacito, ya no duermas despierta de ese sueño seductor, tomaremos copas llenas de licor, pero ay qué sueño tan profundo es el amor.*

Estaba tan contento que me eché un grito —¡Échale, como tu sabes! Sácate el tequila o de perdis las chelas, abuelo, —él me miró con una carota de enojo y yo me hice el tonto para que no me dijera nada. Cantaron varias canciones más.

Ya se había hecho muy tarde y ya se veían cansados, entonces el abuelo nos dijo —Bueno ya basta de la cantada, por último, aprovechando que todavía hay buena lumbre, Sebas, vete por tres cafecitos y unas piezas de pan, aquí cenamos ¿qué les parece?

—Abuelo, ¿no que no te acordabas? ¡Tocaste muy bien la guitarra! Te felicito —le dije mientras me levantaba para ir a la cocina.

—Ahí más o menos me acuerdo, pero hice el intento nada mas por ti —dijo el abuelo.

Pachita contestó inmediatamente —Yo voy por las jarras de café no sea que este niño se vaya a quemar.

—Abuela, ¿por qué no vamos los dos? Sirve que te ayudo. ¡Hijole cantaron bien padre los dos y vamos a cerrar con broche de oro cenando aquí —les dije muy emocionado.

—Vamos antes de que Paco se arrepienta —comentó la abuela.

Regresamos con todo y nos pusimos a cenar. Terminamos, y como el fuego ya se había acabado aproveché para recoger los platos y los jarritos. Les dije —Pues ahora sí abuelos, muchas gracias por esta velada, me la pase a todo dar. Qué lástima que sea la última bohemia que paso con ustedes.

El abuelo contestó —Nunca digas nunca, no sabemos qué pasará, solo el tiempo sabe que va a ser de nosotros. Lleva los trastes a la cocina y vete a acostar, nosotros haremos lo mismo. Ya mañana recoges las piedras y las pones en su lugar. Que descanses.

—Igualmente abuelos, que descansen, y otra vez muchas gracias.

Pasé a la cocina a dejar los trastes y me fui a mi cuarto a dormir, descansé tan rico que desperté con ganas de hacer muchas cosas.

Me senté sobre la cama, miré alrededor y por unos minutos me quedé pensando que si ese cuarto hablara ¿qué no diría de mí? En el fondo pensaba que estas vacaciones habían sido diferentes a todas las demás, me quedaba con buenas experiencias que me servirían para mi vida diara, pero también me preguntaba si el próximo verano estaría aquí otra vez, conviviendo con los abuelos, o si ese era el último. Pensé en lo que decía el abuelo, siempre con sus sabias palabras "Uno nunca sabe qué va a pasar mañana".

Preferí llevarme los momentos más felices que viví ahí, pues llegando a México tendría que dedicarme de lleno a la escuela y sacar buenas calificaciones, si es que quería regresar.

Dejé de pensar, me cambié de ropa y me puse guapo. Fui a buscar a los abuelos a ver a quién encontraba primero, pero en el camino recordé la tarea que me había ordenado el abuelo. Recogí las piedras donde nos habíamos sentado en la noche, las puse en su lugar y con la escoba y el recogedor me puse a barrer las cenizas que habían quedado de la fogata. Hasta que dejé limpiecito regresé a mi búsqueda de los dos.

Primero fui a la cocina a ver si estaba Pachita, porque ella siempre era la que se levantaba más temprano para preparar el desayuno. Cuál fue mi sorpresa cuando vi que no estaba. Salí al patio y le empecé a gritar —Abuela, abuela ¿dónde estás? —de inmediato escuché su voz que me gritaba —Estoy bañándome, como me desvelé, me paré tarde, pero ya voy a terminar para que te bañes tú, con tanto humo de anoche has de oler a quemado.

—No abuela, me baño más tarde, ya que haga más calorcito. Lo que tengo, es mucha hambre, mejor dime en qué te voy ayudando, para adelantar y que desayunemos pronto.

—Entonces ya sabes qué tienes que hacer, no tardo en salir y cuando termines vas a ver a tu abuelo, a ver si ya se levantó —gritó Pachita.

Terminé de hacer lo que me correspondía y fui en busca de Paco. Para no caminar mucho decidí ir primero a los corrales pensando que ahí lo iba a encontrar, pero no estaba; después me dirigí al huerto y tampoco estaba; sólo me quedaba su cuarto, y, como se había desvelado, seguro estaba dormidote. Toqué la puerta y preguntó —¿Quién es?

—Soy yo abuelo, soy Sebas.

—Pásate hijo —respondió muy quedito.

—¿Qué tienes abuelo?, ¿por qué no te has levantado? —le pregunté al verlo.

—Me siento mal, me duele la cabeza y el cuerpo, la verdad no tengo ganas de pararme, hijo —respondió.

—¿Qué quieres que haga? —pregunté preocupado.

—Vé con Pachita y dile que venga —salí corriendo un poco espantado pues vi al abuelo muy decaído y sin ganas de hacer nada. Cuando llegué con la abuela estaba en la cocina casi terminando de preparar el desayuno. En cuanto la tuve en frente le dije gritando —Corre a ver a Paco que se siente muy mal, ¡no quiere levantarse!

Los dos corrimos a su cuarto, ella entró primero, se le acercó y le preguntó —¿Qué tienes? —le tocó la frente para ver si tenía calentura y con un grito de preocupación dijo —¡Pero estás ardiendo en calentura! Esto puede ser grave y yo no me atrevo a darte una pastilla, mejor voy por el doctor. Quédate aquí, Sebas, no te muevas, solo trae agua en la palangana y una toalla de la cómoda.

Corrí y en unos minutos le traje todo lo que me había pedido. Metió la toalla al agua, la exprimió y se la puso en la frente. Le pregunté —¿Eso para qué es?

—Para irle bajando la fiebre poco a poco, si no lo hacemos se puede morir. ¿Te fijaste cómo le hice? Quiero que lo hagas cada vez que la toalla este medio seca, la mojas la exprimes poquito y se la vuelves a poner, así hasta que llegue con el médico. No tardo —me indicó la abuela.

—Sí abuela, vete con cuidado, yo lo cuido mientras regresas.

No tardaron en llegar, el doctor saludó al abuelo y le preguntó —¿cómo te sientes Paco?

—Mal doctor, tengo frío, me duele mucho la cabeza y todo el cuerpo. Me siento muy desguanzado —respondió el abuelo.

—A ver —dijo el doctor—, vamos a revisarte, por favor, quítenme la palangana de la mesita y retiren la toalla de su frente. Hicieron bien en ponerle compresas de agua para bajar la fiebre, eso ayuda como primeros auxilios, pero siempre es bueno hacer una revisión completa, sobre todo por su edad. Francisco, te voy a poner el termómetro por debajo de tu axila un par de minutos, mientras abre la boca para ver si tiene las anginas inflamadas o solo es una faringitis.

Después de revisarlo, el doctor le dijo —Pues qué crees, que sí tienes las anginas inflamadas y ya se están empezando a ulcerar ¿Te has mojado o has estado en lugares donde hay corrientes de aire frío? —preguntó el doctor.

—Sí, anoche mi nieto nos pidió que hiciéramos una fogata y ya terminamos tarde.

—¿Lo haces seguido? —preguntó el doctor.—No doctor, esta vez fue para complacer a Sebas. Normalmente nos dormimos muy temprano —respondió el abuelo.

—Déjame sacar el termómetro de tu axila para ver cómo andas de temperatura. —El médico lo sacó, lo miró y dijo —Escucha Paco, tienes bastante fiebre. ¡Casi tienes cuarenta grados y eso ya es peligroso! Ahora déjame tomarte la presión arterial. ¿Hace cuánto que no te la tomas? —preguntó el hombre.

—Hace mucho tiempo, doctor.

—Pues muy mal, porque a tu edad hay que tomársela cuando menos cada mes. —Le puso el aparato en el brazo, nos pidió silencio y después de unos segundos se lo retiró.

El doctor asombrado dijo —Traes la presión muy alta ¿Te sientes mareado?

—Sí doctor, hace días que ando como en las nubes.

—¿Por qué no fuiste al consultorio? ¿Qué tal si te hubiera pasado algo más grave? Ya no lo estarías contando. De hoy en adelante tienes que cambiar tu forma de vida en todos los sentidos. Al no haberte tratado se averiaron varios órganos y ahora hay que averiguar cuáles son para tratarlos con medicamento.

Tendrás que estar en cama hasta que te haga algunos estudios de laboratorio, y ya que te sientas mejor te espero en el consultorio, ahí tengo todo lo necesario para hacerte un chequeo general. Te voy hacer una receta, con estos medicamentos te sentirás mejor. Te recuerdo que debes llevar una dieta estricta hasta que baje tu presión arterial, si no lo haces te puede dar un infarto y entonces ya hablamos de cosas mayores —se dirigió hacia mi abuela. —Bueno Pachita, surte la receta y de inmediato empieza a darle el tratamiento y a cuidarlo porque no está bien —dijo el doctor.

La abuela le pagó al doctor y me dijo —No te apartes de tu abuelo, trae una jarra con agua tibia y dale de tomar un poco mientras voy a comprar los medicamentos.

Qué gacho, el abuelo se enfermó y yo que me iba al día siguiente, ya no podía quedarme ni un día más. Por lo que escuche la enfermedad estaba cabrona, eso no me lo esperaba.

Pensé "Otra vez por mi pinche culpa, por querer hacer una fogata, hice que el abuelo estuviera en el frío y cantara, por eso se enfermo, ¡no tengo madre! Espero que con las medicinas que le receto el doctor mejore pronto.".

La abuela llegó a darle de inmediato la medicina, después él se quedó dormido. La abuela le puso una cobija para taparlo y me dijo —Vamos a dejarlo que descanse y después le traigo de desayunar mientras vamos hacer lo mismo nosotros —dijo mientras salíamos de la habitación.

Ya sentados desayunando la abuela me empezó a decir que ahora estaba preocupada por Paco, que nunca se había puesto tan mal y que ya de cualquier cosa se enfermaba, sobre todo por la edad que tenía, entonces le dije:

—Perdóname porque, una vez más, por mi culpa pasó esto. Mira que me duele más dejarlos y que me voy con remordimiento.

—No te preocupes, mejor en cuanto termines de desayunar vete a empacar y deja listo tu equipaje para que mañana a primera hora te lleve a la central camionera. Hoy por la tarde le llamo a tus papás para que te vayan a recoger, diles que los mantendré informados conforme vayan pasando las cosas —respondió la abuela.

—Me parece bien, entonces voy a mi cuarto hacer lo que me pediste, te veo más tarde.

Transcurrió el día y dejé todo listo para irme. Aunque me sentía muy triste por la enfermedad del abuelo, me acerqué a la cocina a ver si ya estaba la comida, porque traía mucha hambre y no quería molestar a la abuela. Pensé que seguramente estaba muy ocupada atendiendo al abuelo, así que ni siquiera fui a preguntarle si quería comer conmigo, mejor me serví de lo que había hecho, calenté tortillas y comí bien rico. Dejé todo como lo encontré, limpio, y me fui al cuarto del abuelo.

Estaba recargado en la cabecera de la cama, la abuela le estaba dando de comer, lentamente, caldo de pollo, ya que tardaba en digerirlo. Él se veía muy débil, había que tenerle mucha paciencia. Decidí sentarme en la cama y acompañarlos, no me quedaba otra cosa más que convivir con ellos lo más que pudiera, era la última noche en San Pancho.

Le dije —Oye abuela, ¿ya comiste? Porque ya es muy tarde y eso de no hacerlo te va hacer daño. No es por nada pero, sin ser pesimista, vienen tiempos difíciles y tienes que estar bien de salud para poder aguantar.

—La verdad no tengo hambre por la preocupación que tengo de Paco, nunca se había puesto así y como dices tú, esto no se ve nada bien. Más tarde comeré algo, no te preocupes —me dijo Pachita.

—Cuídate mucho abuela, porque si no te vas a enfermar también y entonces ya valió. Recuerda que en siete días tienes que llevar al abuelo al consultorio para que le hagan todos sus exámenes y, por favor, digan lo que digan, llámanos por teléfono, porque vamos a estar preocupados por su salud.

—No te preocupes Sebas, ya estamos viejos y a esta edad cualquier cosa puede pasar, así es que vete tranquilo y dile a tus papás que pronto se va a curar. Ya lo verás como siempre, atendiendo a sus animales y plantas, en cuanto eso pase les llamaré.

La interrumpí y le dije —Oye abue, ¿por qué no me quedo a cuidarlo en cuanto termines de darle de comer y tú te me vas a comer o a descansar?

—Tienes razón, me siento cansada, voy a ir a la cocina a comer algo, aunque sea un pan y un jarro de café calientito. Antes de irme, déjame tomarle la temperatura, a ver si ya le bajo, pásame el termómetro que está en la repisa, la botella de alcohol y el algodón para limpiarlo.

—Sí abuela, te lo traigo.

Se lo puso en la axila, se lo dejó por unos minutos, lo sacó, lo revisó y murmuró —Bueno, ya está bajando, tiene 38 grados, eso quiere decir que la medicina ya empezó hacerle efecto.

—Sí abuela, aquí te espero, come con calma porque necesitas descansar un poco. No te preocupes, yo lo cuido. Quiero estar lo más que pueda con él.

Total, el abuelo se durmió y yo aproveché para hacer lo mismo, encontré un lugarcito junto a sus pies y ahí decidí quedarme hasta que llegara la abuela.

Cuando la abuela llegó se puso a moverme para que despertara, yo no sentí nada hasta que me pellizco, entonces sí sentí cabrón y no solo desperté, también grité.

—Ya despierta y no grites que vas a despertar a tu abuelo.

—Es que te pasaste, me dolió mucho.

—No seas chillón y ya vete a dormir a tu cuarto, que ya es de noche y mañana te tienes que levantar temprano para ir a la terminal de autobuses. Ya preparaste todo, ¿verdad? —me preguntó la abuela en voz baja.

—Sí abuela, ya está todo listo, solo dejé fuera la ropa con la que me voy a ir a México y dejé mi maleta abierta para guardar la que traigo puesta. ¿Cómo ves al abuelo?

—Ya no se queja y sigue bien dormido, eso quiere decir que ya se está recuperando. Anda, ya vete a tu cuarto.

—Abuela, si necesitas algo no dudes en gritarme y vengo rapidito. Ojalá el abuelo pase buena noche. Que descanses, cuídate.

Llegó la mañana, me despertaron los golpes tan fuertes que daban en la puerta, abrí los ojos y lo primero que escuché fueron los gritos de la abuela ordenando que me levantara y que preparara mi equipaje.

—Ya es hora de llevarte a la central, nada más vamos a la cocina para que comas algo, no quiero que te vayas con el estómago vacío. Ya no tarda en pasar la camioneta que nos va a llevar hasta allá.

—Sí abuela, me voy apurar, espérame en la cocina, no tardo.

Llegué a la cocina y lo primero que hice fue preguntarle por el abuelo, sobre cómo había amanecido. Me dijo que ya estaba mucho mejor, que ya no le dolía la cabeza y ya había hasta desayunado.

—Ahorita que termines de comer te vas a despedir de él y no quiero nada de lloriqueos ¿me entiendes? Todo va a estar bien, ya verás —me dijo.

—Sí abue, sé que con tus cuidados y la paciencia que le tienes se va a recuperar rápido.

Me despedí del abuelo, le di las gracias por todas sus palabras y por haberme aguantado todos estos días y le deseé que pronto se recuperara. Le dije que lo quería mucho, él sólo me dijo —Me saludas a tus papás, y no vayas a alarmarlos por mi estado de salud, pronto voy a salir de esta. Acuérdate de estudiar mucho y no hagas nada de tus grandes travesuras, porque entonces no te van a dejar venir el próximo verano.

Le di un beso y salí casi con lágrimas en los ojos, pero no permití que me viera. Ya me lo había advertido la abuela, nada de tristezas.

Fui por mi maleta y cuando bajé la abuela ya me estaba esperando en el patio. Caminamos rumbo a la carretera para esperar la camioneta, mientras llegaba le pedí que me hiciera el favor de despedirme de Chón y de Melitón porque con la enfermedad del abuelo ya no había tenido tiempo de hacerlo.

—No te preocupes hijo, yo les aviso, ya te entenderán. Por cierto ¿traes tu boleto del autobús de regreso a México? —me preguntó la abuela.

—Sí, lo traigo en mi mochilita, donde me lo puso mi mamá para que no se me perdiera. Te cuidas abuela. Te hablo cuando llegue a México, para que no estés preocupada, sirve que hablas con mi mamá, después ya no te vuelvo a hablar porque el teléfono para llamar aquí en el rancho, está muy lejos de tu casa.

—Está bien Sebas, creo que es lo mejor. Mira, ya viene la camioneta le voy hacer la parada.

Pasó un buen rato para que llegáramos a la central, cuando por fin llegamos ya casi era hora de que el autobús saliera.

Me formé en la fila y mientras la abuela me preguntó si quería llevarme algo para comer en el camino, porque eran varias horas y me iba a dar hambre. Le dije que sí, que una torta y un refresco eran suficientes porque seguro me iba a dormir.

—En cuanto llegues a la central de autobuses le hablas a tus papás para que vayan por ti, te voy a acompañar a subirte al autobús para encargarte con el chofer y te acompaño al asiento que te toca. Entrégale tus cosas al maletero para que te las guarde.

Después de dejarme en el asiento me dijo —Ya te dejo porque Paco está solo y me preocupa, cuídate mucho, Sebas. Dejame darte un beso y la bendición. Me llamas cuando llegues, por favor.

—Sí abue, y muchas gracias por todas tus atenciones. Dile al abuelo que lo quiero mucho y que le deseo que pronto se recupere.

Se bajó del autobús, el chofer cerró la puerta, encendió motores y partimos rumbo a la Ciudad de México. Estaba contento porque ya iba a estar con mi familia y abrazar a mis papás. Lo deseaba tanto como ver a Fer, mi hermanita querida, ya la extrañaba.

Pasaron algunas horas y desperté cuarenta y cinco minutos antes de llegar a la Ciudad de México, aproveché para comer y, justo cuando terminé, el chofer fue por mí y me dijo —Ya llegamos, te ayudo a bajar.Me pidió el comprobante para que me entregaran mi maleta, le pregunté por un teléfono público, me señaló dónde estaban y hablé a mi casa. Afortunadamente me contestó mi papá, le dije que ya estaba en la central para que viniera por mi, él me dijo que lo esperara y que no tardaba en llegar.

Pronto estábamos en casa, por suerte era sábado y mi mamá no trabajaba, mi hermana también estaba en casa.

Las abracé y besé hasta que me cansé. Mi mamá inmediatamente me preguntó sobre cómo estaba mi abuela, le contesté que estaba muy bien y que el abuelo era el que estaba enfermo, le conté que tenían que hacerle unos exámenes en siete días para ver que tratamiento le iban a dar, porque al parecer su enfermedad era grave y el medicamento que tenía que tomar ya era para siempre.

—Por cierto, me pidió tu mamá que le hablara en cuanto llegara para que estuviera más tranquila —le dije a mi mamá. De inmediato nos comunicamos a San Pancho y mi mamá habló con la abuela, fue rápida la llamada.

Mi papá dijo —Bueno, pues vamos a comer porque Sebas ha de traer un hambre de aquellas, así que por esta ocasión nosotros ponemos la mesa y también la recogemos, ya mañana todo a la normalidad ¿entendido, jovencito?

—Sí papá, gracias, mientras voy a dejar mi maleta al cuarto —respondí.

—La ropa sucia ya sabes donde ponerla y la que no usaste ponla en la ropa limpia, te lavas las manos y te vienes a comer.

Mi hermana Fer me gritó —Apúrate güey, para que nos platiques todas las travesuras que seguramente hiciste. Por eso se ha de haber enfermado el abuelo. Órale, apúrese cabrón, que ya tengo mucha hambre.

—¡Mira a Fer, papá!, dile que se calme porque después no se aguanta.

—¡Ya Fernanda! Cálmate, vamos a comer en paz —le dijo mi papá.

Regresé de vaciar mi maleta, me lavé las manos y me senté en la mesa junto a mi hermana. Mi mamá nos empezó a servir la comida y mi querida hermanita, luego luego, abrió la boquita y me dijo —A ver, cuéntanos todo lo que hiciste, pero todo, sin que se te escape nada, así que mejor empieza para que terminemos temprano.

—Bueno —les dije—, gracias a todos por la bienvenida y por hacerme esta comida tan rica, los extrañé mucho.

Capítulo XI

Llamadas

—Oye Cirilo, ya te quité mucho tiempo en contarte mi historia, mejor ya me voy por que no te dejo trabajar, además ni has comido y ya te fastidié ¿no crees? —le pregunté a Cirilo.

—Sebas, ahora no me dejas así, me terminas de platicar la historia cabrón. Al cabo, seguir trabajando en esta fosa puede esperar, al muertito lo traen hasta mañana. ¿Por qué no mejor me invitas una torta y una chela y te traigo lo mismo? Sirve que comes conmigo, espérame aquí sentadito y ahora vengo, no tardo, porque me dejaste bien picado con la plática —me propuso Cirilo.

—Ándale pues Cirilo, vete a comprar las tortas y unas chelas bien frías, nada más no te tardes.

—¿Cómo crees mi Sebas? Si tengo un chorro de hambre. Aguanta, no me tardo.

Llegó Cirilo y se sentó en la lápida, nos pusimos a comer. Por un rato me olvidé de la historia y platicamos de cómo le iba a él ahí en su trabajo, me contó que ya estaba tan acostumbrado que era como su casa, ahí le amanecía y le anochecía, que a su casa solo iba a dormir porque ya no tenía familia. Su esposa había muerto hacía muchos años y sus hijos se olvidaron de él.

—Mira mi Sebas —dijo—, los difuntitos de aquí son los únicos que me escuchan y me consuelan cuando me siento solo, a veces, cuando termino de trabajar, me compro dos chelas; busco la lápida del difuntito que casi no visitan, para hacerle compañía; tomando mis cervecitas, me pongo a platicar con él hasta que nos agarra la noche; ya que nos cansamos de hablar me despido de él y me voy a mi casa. Pero ya, mejor sígueme contando, porque nos va agarrar la noche. Tú te tienes que ir a la central y yo no te voy a dejar ir hasta que termines de contarme tus aventuras en San Pancho.

—Tienes razón Cirilo, déjame seguirte contando. A ver déjame recordar en dónde me quede. ¡Cirilo!, ayúdame a recordar.

—A ver mi Sebas, te quedaste en que ya habías llegado a tu casa en México y ya estaban sentados en la mesa listos para comer, ¿sí o no mi Sebas?

—Tienes razón, ahí me quedé, mi hermana me pidió que les contara cómo me había ido y empecé a contarles paso a paso lo que había vivido durante mis vacaciones de verano en San Pancho. Así pasaron varias horas hasta que llegó la noche, entonces mi papá nos dijo —Qué bueno que te divertiste, pero que malo que hicieras pasar a tus abuelos tantos sustos, eso estuvo muy mal, al menos no les pasó nada ni a ti ni a tus amiguitos. Lo único triste es que el abuelo está enfermo, ojalá no sea nada grave.

Mi mamá dijo —Sí, me preocupa que mi papá se haya enfermado, sobre todo porque ya está grande, espero que se mejore con todo lo que le van hacer. Pobre de mi madre porque va a estar muy presionada con todo esto, a ver si no se enferma también.

Fer interrumpió a mamá y le dijo —Pues aprovecha para hablarle cuando menos cada ocho días, así estaremos más tranquilos o ¿por qué no te vas con ellos a pasar un tiempo?, aquí vamos a estar bien todos.

—No creo que sea lo mejor, ustedes me necesitan más que mis papás. Solo si pasa algo grave sí me tendría que ir para ayudarle a mi mamá, pero espero que no suceda. ¿Tú qué opinas Gabriel?

—Yo te apoyo en lo que tú decidas Mary, creo que es el momento para que cuentes con nosotros —respondió papá.

—Sí mamá, lo que no quiero es que estés preocupada por mí, si tienes que ir, como dice Fer, pues ni modo. Nosotros ya veremos cómo le hacemos para acoplarnos —le dije a mamá.

—Bueno, lo voy a pensar y les digo que decidí. Por lo pronto tú ya vete a acostar, tu hermana, tu papá y yo levantaremos la mesa. Que descanses y bienvenido.

Fer me dijo —si algo le pasa a mi abuelo va a ser por tu culpa, por andar de desmadroso. Órale, ya a dormir cabrón.

—Mira papá, tu hija sigue jodiendo —respondí.

—¡Ya Fernanda!, deja de molerlo y ya no estés de majadera. Tu abuelo ya está grande y a esa edad cualquier cosa puede suceder. —Se dirigió a mi— Y tú, Sebastián, hazle caso a tu mamá y vete a dormir para que descanses. Mañana domingo preparas todo porque el lunes entras a la escuela y no quiero que se te olvide nada.

—Sí papá, hasta mañana. Que descansen y otra vez gracias por todo.

Me fui a mi cuarto y me eché a dormir.

Llegó el día más difícil, el de regresar a la escuela. Ni modo, me levanté temprano, mamá me dio de desayunar y me dio dinero para mi pasaje y para comprarme una torta y un refresco a la hora del descanso. Salí de casa sin ganas de ir a la pinche escuela, me sentía bien cansado, pero no me quedaba otra más que cumplir. Siempre el primer día era el más difícil, después ya le tomaba el modo y ya no me costaba tanto trabajo.

Así pasaron los meses, Fer y yo en la escuela, mi papá trabajando, al igual que mi mamá, quien se comunicaba cada ocho días a San Pancho para preguntar por el abuelo. Todo iba bien hasta que un día llamó por teléfono mi abuela Pachita. Yo ya había llegado de la escuela y era el único que estaba en casa, levanté la bocina y llorando me dijo —¿Eres tú Sebas?

—Sí abuela, ¿qué necesitas?

—Pásame a tu mamá —la escuché llorando.

—¿Pasa algo malo?

—No hijo, pásame a Mary.

—No hay nadie más, pero dime qué quieres que le diga y ahorita le hablo por teléfono.—Dile que es urgente, que tu abuelo está muy mal y que está preguntando por ella, dile que se venga inmediatamente.

—Está bien abuela, yo le aviso ahora mismo. Estoy seguro de que en cuanto le diga se va para allá tan pronto como pueda. Cuídate mucho y salúdame al abuelo.

Colgué e inmediatamente llamé a mi mamá al trabajo, le pedí a la recepcionista que me comunicara con la señora María, me preguntó de parte de quién y le dije que de su hijo Sebas, rápidamente la comunicó.

—¿Qué pasó hijo? ¿Sucedió algo malo? Casi no me llamas, por eso me inquietas.

—Mami, te habló mi abuela de San Pancho y la escuché muy preocupada. Me dijo que le urgía que te vayas para allá porque el abuelo está muy enfermo y pregunta mucho por ti.

—Voy a pedirle unos días a mi jefe a cuenta de vacaciones y en cuanto hable con él me voy para la casa. Yo hablo con tu papá para avisarle y ponernos de acuerdo. Nos vemos más tarde hijo.

Pasaron dos horas y mamá ya estaba en casa, la vi muy preocupada y con los ojos llorosos. Me dijo —ya hablé con tu papá y decidimos que vaya yo sola, solo en caso de que sea muy necesario se va para allá él también, porque alguien se tiene que quedar con ustedes. Voy a preparar mi equipaje, porque como me contaste que escuchaste a tu abuela, algo anda mal y tendré que estar varios días en San Pancho.

Cuando ya estuvo lista salimos a la calle, paré un taxi para mi mamá, se subió y le cerré la puerta, se fue alejando rápidamente. Me quedé parado un ratito en la banqueta, en lo que los perdía de vista, y me metí a casa un poco desconcentrado, pero sobre todo triste por mi abuelo. Me senté a la mesa y ahí me quedé hasta que terminé la tarea. Después llegó mi hermana Fer y me preguntó por mamá, le tuve que contar todo, pero hubiera sido mejor que no le platicara nada porque se puso a llorar.

Me acerqué a ella, nos sentamos en el sillón de la sala, la abracé para consolarla y le dije —Ya hermanita, ya no llores, esperemos que al abuelo no le pase nada ¿quieres que te sirva algo de comer?

—No Sebas, la verdad no tengo hambre, mejor me voy a acostar un ratito. Nos vemos más tarde.

—Sí Fer, mejor descansa. Voy a esperar a papá para que me cuente en qué quedó con mamá.

No pasó mucho tiempo antes de que llegara mi papá, platicamos un poco, pues ya era noche, y después me dijo

—Ya vete a dormir Sebas, que mañana te vas temprano a la escuela. Voy a estar al pendiente por si habla tu mamá y mañana les aviso.

Despertamos temprano, Fer y yo todavía encontramos a papá, quien estaba a punto de irse a trabajar, y le preguntamos si había hablado mi mamá. Nos contestó que sí, que había llegado bien al rancho y que su papá estaba muy enfermo. Dijo que nos preparáramos porque venían tiempos difíciles y se soltó a llorar.

—Creo que debo decirles la verdad para que se vayan preparando y no nos sorprenda cuando nos de la noticia. Por lo que me platicó su mamá, creo que en cualquier momento sucede lo irremediable.

—Sí papá, no te preocupes, vamos a apoyar en todo a mamá, avísanos en cuanto te llame y tú nos dices qué hacemos —le dije.

—Está bien, ya váyanse a la escuela que se les va a hacer tarde, y cuídense.

Pasaron varios días en los cuales mamá le habló a diario a papá para informarle cómo seguía el abuelo.

Un día llegó papá a casa cuando Fer y yo estábamos haciendo la tarea. En cuanto entró los dos nos volteamos a ver como por inercia, al parecer pensamos lo mismo cuando vimos la cara de susto que traía, guardo silencio por un rato y después, con lágrimas en los ojos, nos miró y nos dijo —Hijos, no sé cómo decirles esto pero no voy andar con rodeos, su abuelo Paco acaba de morir. Hablé con su mamá hace un momento, así que nos vamos a San Pancho para acompañarla en estos momentos difíciles. Entre más temprano tomemos el autobús, más rápido llegaremos al rancho.

—Recuerdo, Cirilo, que llegamos a la central de autobuses y abordamos el primer autobús que venía para acá, tomamos asiento. A mi me tocó sentarme con mi hermana y a mi papá con otra persona.

Aún no digería la triste noticia que nos había dado mi papá, pensaba que mi abuelo todavía iba a durar mucho tiempo. Sólo habían pasado unos meses desde que lo vi por última vez, eso quiere decir que ya estaba mal desde la vez que el doctor lo fue a visitar a su casa.

Los exámenes que le habían hecho seguramente indicaban que ya estaba muy mal y mi abuela no le decía la verdad a mamá para no preocuparla.

Pensaba en el futuro de mi abuela ¿quién la iba a cuidar? ¿quién iba a ver por ella?, era cosa de que mi mamá y sus hermanas se pusieran de acuerdo para que entre todas la pudieran ayudar.

De repente me agarró el sueño y me dormí, yo creo que por la triste noticia y el cansancio del día, hasta que sentí que alguien me zarandeaba y me decía —Ya despierta, llegamos.

Me di cuenta de que era Fer y le dije—¡Ya bájale, ya te oí, no te pases que te voy hacer lo mismo para que veas que se siente!

—No seas chillón güey, mejor reacciona, pendejo, y ya bájate —me respondió— ándale güey, mueve las nalguitas porque le voy a decir a mi papá que nos lleve a desayunar antes de llegar al rancho, allá debe haber un desastre.

Llegamos al rancho y en cuanto me vio la abuela me gritó desde lejos —¡Sebas, Sebas se murió tu abuelo! —y se echó a llorar, corrí a abrazarla y llorando, a gritos también le dije —Sí, abuela, se murió Paco y estoy que se me sale el corazón de tristeza. Parece que fue ayer cuando estábamos cenando los tres en la cocina y él dándome sus consejos.

—Sí hijo, parece que fue ayer —decía la abuela entre llantos.

—Ay abuela ¿Qué vamos a hacer sin el abuelo? Tienes que ser muy fuerte, pero también tienes que resignarte y pensar que él, donde quiera que esté, te va a cuidar y va a ver por ti —le contesté a Pachita.

—Sí Sebas, muchas gracias por tus palabras. Estoy segura que él desde el cielo me estará cuidando —respondió ella mientras se secaba las lágrimas.

—Oye abuela, ¿dónde está mi mamá?, quiero verla, después voy a ver a mi abuelito.—Sí hijo, ve y búscala, más tarde te veo.

Llegué con mi mamá y la abracé con todas mis fuerzas. Por primera vez no supe qué decirle. Desde luego ella estaba llorando a grito abierto, pero no decía nada, yo solamente la abrazaba más y más. Ya que se tranquilizó un poco le dije —Mami, llévame a ver al féretro donde está el abuelo, me muero por estar con él y acompañarlo un rato antes de que se lo lleven a enterrar.

Cuando estuve cerca vi que el féretro estaba abierto, sólo había un cristal entre el abuelo y yo. No me aguanté y llorando, con una voz entrecortada, le dije —¿Por qué te fuiste abuelo? ¿Por qué me dejaste? Ahora ¿quién me va a enseñar como andar por la vida? Gracias por todo, siempre te llevaré en mi corazón.

Llegó el momento más difícil, caminamos rumbo al panteón y nos dirigimos a su fosa, era el momento de enterrarlo. Me acuerdo muy bien que ya estabas tú Cirilo, eras un jovencito, te acercaste a mi mamá y a mi abuela y, sin decirles nada, las abrazaste como dándoles las condolencias. Cuando ya habían acomodado el cuerpo en la fosa, tomaste la pala y empezaste a echarle tierra hasta taparlo completamente. Al final le pusiste de forma provisional una cruz de madera, rezamos un rosario y me despedí de ti. Nos retiramos del panteón ese día, pero nos quedamos en el rancho acompañando tanto a mi mami como a la abuela.

Mi papá aprovechó para platicar con mi mamá y decidieron que al día siguiente nosotros tres nos regresábamos temprano, pero mamá se quedaba en el rancho unos días mientras se ponían de acuerdo con mis tías para ver de que manera se turnaban para que la abuela no se quedara sola.

Fer estaba bien dormida en la cama de los abuelos y, como no tenía humor para nada. la dejé en paz. Yo me senté en la mesa, me hice un café y tomé una pieza de pan para cenar. Como todo mundo estaba callado o dormido me puse a pensar en cuantas vivencias había tenido en ese lugar. Me entró tanta nostalgia que parecía que el tiempo retrocedía y lo empecé a sentir como en aquellos días. Así me quede, sin mentirte Cirilo, como dos horas, hasta que reaccioné, y eso porque escuché los gritos de mi papá para que me fuera a dormir.

—Sí papá, hasta mañana, porfa nos despiertas un poquito antes de que nos vayamos a ir para que nos despidamos de mamá y de la abuela —le respondí.

—Está bien, hijo, buenas noches.

Amaneció en San Pancho, pero fue un amanecer diferente al de todos los veranos que pasé ahí. Tanto los animales como la vegetación estaban tristes porque, a partir de ese día, nada iba a ser igual en el rancho, ya que el abuelo era el que les daba vida y los cuidaba como la niña de sus ojos.

Fer despertó y le dije —Arréglate para que vayamos a la cocina, a ver si desayunamos algo antes de irnos.

—Sí, no me tardo —me dijo. Cuando terminó caminamos rumbo a la cocina.

Estaban mis padres desayunando y platicando, mi abuela, al parecer, estaba durmiendo pues en la noche no lo había hecho por quedarse a velar al abuelo.

Mi papá nos dijo —Sírvanse de lo que preparó su mamá, comen, se me lavan los dientes, preparan sus maletas y se despiden de su abuela, de los familiares y, desde luego, de su mamá.

Llegamos a casa callados, sin ánimos de nada, no nos dirigimos la palabra ni un momento, parecía que nos habíamos puesto de acuerdo, y, simplemente, cada quién se fue a su cuarto a descansar, no nos volvimos a ver hasta el otro día en el desayuno.

Mi papá nos empezó a platicar de lo que pasaría con la muerte del abuelo y el futuro de mamá, lo pesado que sería. Por un tiempo tendría que ir y venir hasta que se tomara una decisión de quién la iba a cuidar de forma definitiva o si era mejor que la abuela se fuera a vivir con alguien, pero eso lo tenía que decidir su familia.

Nos pidió mantenernos juntos y apoyar a mamá en todo, dijo que estaría en contacto con ella lo más que se pudiera y que nos informaría de lo que pasara.

Pasaron varios meses desde que el abuelo falleció, mi mamá iba y venía, ya se le notaba el cansancio. Hubo algunas ocasiones en que mi papá la sustituyó y fue a San Pancho a quedarse con la abuela. Ella nunca quiso irse a vivir con ninguna de sus hijas, menos con sus hijos, entonces todas las hijas se rolaban como podían. Había ocasiones en que alguna de ellas la sacaba del rancho y se la llevaba a pasear, pero a la abuela no se le levantaba el ánimo.

Ella seguía pensando en Paco, quien había sido su adoración. Dice mi mamá que algunos días se ponía a llorar y repetía a cada rato que ya se quería morir porque extrañaba mucho a Paco y quería ir a donde estaba él.

Así pasaron un par de años, entre el teléfono y el autobús. Mi mamá nos contaba que la salud de la abuela ya empezaba a mermar, ya la habían llevado con el médico y le había diagnosticado varias enfermedades. A pesar del tratamiento no se le veían mejoras, la muerte del abuelo le había dado un golpe muy fuerte.

Cirilo me interrumpió —Oye Sebas, ¿no se te hace que más tarde a la mejor ya no salen autobuses para México?

—No te preocupes, ya voy a terminar, mas bien ya te fastidié con esta historia —le respondí.

—No mi Sebas, por mí no hay problema, acuérdate que yo estoy en mi casa y aquí me puedo quedar, así es de que síguele, que no te me vas hasta terminarla. Está bien buena.

—Ya para terminar. Mi mamá nos seguía informando que la salud de la abuela iba de mal en peor y que ya esperaban lo peor en cualquier momento.

Una noche, cenando todos en casa, mamá nos dijo con lágrimas —Váyanse preparando para cuando les de la mala noticia de su abuela.

—Mami —le dije—, a la mejor la próxima llamada que te hagan del rancho es para decirte que ya se recuperó la abuela, ¿no crees? No pierdas la fe.

—Sí, primero Dios, quizá te llamen para darte la buena noticia de que ya está mejor —le dijo Fer.

Papá no se quedó atrás y dirigiéndose a mamá le dijo —Ten fe Mary, ten fe. En esta vida todo puede suceder, pensemos todos que la abuela pronto se va a recuperar, que vamos a estar platicando y le vamos a pedir que nos cante con esa voz tan bonita que tiene.

Pasaron algunos meses en los que mi mami siguió atendiendo a la abuela. Ya se le veía muy cansada y atormentada, todos andábamos así, cabizbajos y nerviosos. Nada más sonaba el teléfono y nos sobresaltábamos por el miedo de que fuera la llamada trágica que nadie quería escuchar.

De repente, un domingo que estábamos sentados viendo la televisión, sonó el teléfono. Por un instante nos volteamos a ver todos, de pronto mi corazón empezó a palpitar muy fuerte, sentí que se me salía. Volteé a ver a mamá, quien era la que me preocupaba, se puso pálida y con los ojos llorosos.

Papá reaccionó y fue a contestar, levantó la bocina con cierto nerviosismo, y se escuchó una voz entrecortada que dijo —Buenas noches, ¿quién habla? —se quedó callado unos segundos. En ese momento todos pensamos lo peor sobre la abuela. De repente mi papá dio un brinco en el sillón donde estaba el teléfono y gritó —¡Doña Pachita! ¿Qué hace usted hablando por teléfono? Me da mucho gusto escucharla ¿Cómo sigue? ¿Cómo está? ¿Cómo se siente?

La abuela le contestó —Bien, hablé para saludarlos porque hace mucho tiempo que no los veo y ahorita que me siento un poquito mejor me acordé de ustedes y quise escucharlos.

Hablamos con ella, sorprendidos y contentos, mi mamá aprovechó también para hablar, cuando colgó todos corrimos a abrazarla y nos la comimos a besos, Fer le gritó —¡Te lo dije mami, te lo dije! —los demás gritamos —¡Gracias a Dios que la abuela ya está mejor! —Todo había sido una falsa alarma, pero mamá no se veía convencida, en su rostro había un dejo de tristeza, una especie de premonición, como si supiera que algo malo iba a pasar. Así transcurrieron otros meses.

Mi tía Guadalupe contaba con más tiempo libre y se quedaba más con la abuela, aunque desde luego, entre todas las hermanas y hermanos le ayudaban económicamente. Ella nos tenía informados del estado de salud de la abuela.

Una tarde, alrededor de las 6:30, estaba solo en casa haciendo mi tarea muy concentrado. Sonó el teléfono, ya me había acostumbrado a que todo estaba bien en el rancho, pues mi tía Guadalupe cada semana le hablaba a mi mamá y le decía que todo seguía igual, que no había de qué preocuparse. Yo pensé que era una llamada normal.

Levante la bocina, escuche a mi tía llorando y me dijo —¿Quién habla?

Le contesté que era Sebas y le pregunté —Tía, ¿qué pasa?, ¿por qué lloras?, ¿sucede algo malo?

Mi tía me contestó —Hijo, pásame a tu mamá de inmediato.

Se me ocurrió que podía ser la llamada trágica y le dije —No está, ¿quieres que la localice?

Me dijo —Sí, dile que se venga para el rancho, que es urgente. Si es posible, que sea hoy mismo. Avísame qué te dice, por favor.

—Tía ¿se puso mal mi abuela?—Tú nada más dile a Mary que se venga.—Está bien tía, yo le aviso.

Colgué, de inmediato pensé que otra vez me tocó a mi recibir la pinche llamada trágica. Me comuniqué con mamá y le conté lo que me había dicho mi tía. No tardó en llegar a casa, preparó su maleta y solo me dijo —Me voy a la central, hijo, en cuanto llegue les aviso como está la abuela. Te cuidas y le avisas a Fer cómo están las cosas, pórtense bien.

—Sí mami, vete con cuidado, no te preocupes por nosotros y que no se te olvide hablar para saber cómo está la abuela.

Pasaron unas horas en las que solo estábamos esperando la llamada de mi mamá, mi papá se había recostado en el sillón de la sala. Ya iban a ser las 5:00 am cuando sonó el teléfono, eso hizo que me pusiera más nervioso. Un momento después mi papá nos llamó. Nos pidió que nos sentáramos en el sillón y que estuviéramos calmados porque la noticia que nos iba a dar era muy dura —Hijos, su abuela Pachita acaba de morir.

Mi hermana y yo de inmediato soltamos el llanto, mi papá, sin derramar una lágrima, nos dijo que debíamos resignarnos a la voluntad de Dios, que la vida es así y que todos nacimos para morir. Pidió que mejor le agradeciéramos a Dios por permitirle descansar, que ya era necesario y lo mejor para todos, sobre todo para mamá. —Preparen sus maletas que nos vamos ahorita mismo, su mamá nos necesita —dijo.

Llegamos al rancho y, dicho y hecho, mi mamá estaba llorando y gritando frente al féretro de su madre —¿Por qué te fuiste? ¿Por qué nos abandonaste mamacita?

Mi papá fue el primero que la abrazo y trató de consolarla, ella no paraba de llorar, le dijo que se tranquilizara mientras él iba a ver el féretro donde estaba descansando la abuela. Cuando se quedó sola Fer y yo corrimos a abrazarla.

Estuvimos ahí hasta que mamá nos dijo que fuéramos a ver a la abuelita para despedirnos antes de que se la llevaran al panteón. Mi hermana y yo caminamos hacia donde estaba el féretro, y en cuanto la vimos soltamos el llanto otra vez. Abrazamos el féretro gritando, era tanta la tristeza que nos invadía que no soltamos el féretro hasta que mi papá llegó y, con mucha sutileza, nos abrazó. Poco a poco nos fue llevando fuera de la casa.

Entre mis tíos y otros vecinos del pueblo cargaron el féretro y caminamos rumbo al panteón, aquí justamente, Cirilo, donde ya estabas tú esperando. Recuerdo que ya tenías la fosa hecha, nada más le pusieron cuerdas alrededor de la caja y entre varios la fueron bajando poco a poco, hasta que llegó al fondo, después tomaste la pala y llenamos la fosa de tierra. Recuerdo que cuando terminaste de echarle la última pala, tomé un ramo de flores que había cortado del jardín de los abuelos y lo dejé junto a la cruz que le pusiste en ese momento.

Para mí fue muy difícil, hasta ese día no había vivido algo parecido. Seguí llorando sin cesar y pensé: "Ahora si todo se acabó en San Pancho, ya no hay razón para venir". Mi mamá y sus hermanas lloraban por ratos, alguna de ellas repetía —ya nos quedamos sin padres, no nos queda más que cuidar lo que dejaron aquí en el rancho.

Mi tía Guadalupe dijo en voz alta —Lo bueno es que, aunque ya no están con nosotros, aquí dejaron su esencia y, tanto la vegetación como sus animalitos, van a creer que ellos nunca se fueron.

Llegó la hora de dormir, los invitados se fueron uno a uno. Todos estábamos cansados, tristes y con sentimientos encontrados. Mi hermana y yo nos fuimos a dormir en el cuarto donde yo dormía cuando venía de vacaciones.

En la mañana me despertó otra vez ese rayo de sol que se filtraba entre las láminas de cartón y la pared de adobe.

En ese instante a mi mente llegaron los recuerdos de tantos veranos que pasé ahí. Ahora me faltaba el grito fuerte de mi abuela que decía: ¡Sebas, Sebas ya levántate! *Para que vayas por leña al monte porque hay que preparar el fogón. El abuelo ya no tarda en gritar "¡Ya está el desayuno Pachita?"* Volví a la realidad y pensé "no, eso jamás volverá".

Todo empezó a volver a la realidad cuando regresamos a la escuela, cada quien en su banca haciendo su vida normal, igual que papá y mamá.

Ha pasado mucho tiempo desde la muerte de los dos y en mi mente siguen los grandes recuerdos de las vivencias con los abuelos. Son inolvidables.

—Así fue, Cirilo, todo lo que viví en mis últimas vacaciones de verano aquí en San Pancho.

—De todo lo que me contaste, mucho ya lo sabía, porque aquí en el pueblo todo se sabe, pero hay cosas de las que no estaba enterado. Es cierto, yo tuve la fortuna, o la desgracia, de enterrarlos, pero mi vida está aquí y como no salgo para nada no me entero de muchas cosas. Déjame decirte que viviste una historia muy bonita. Ya *pa'* no quitarte el tiempo, porque te tienes que ir, deja que te agradezca que me hicieras compañía, tú, por lo menos, te desahogaste. Me alegra mucho que te acordaras de mí y que platicáramos, porque puede ser la última vez que nos veamos, ¡uno nunca sabe que va a pasar mañana! Ya nada más te quiero preguntar algo que me tiene inquieto: todo lo que aprendiste con tus abuelos aquí en San Pancho ¿lo has puesto en práctica tanto en tu vida social como en tu vida profesional?

—Mira Cirilo...

www.ingramcontent.com/pod-product-compliance
Lightning Source LLC
LaVergne TN
LVHW011711060526
838200LV00051B/2866